세상을 바꾼
우 먼 파 워
100

그녀가
최초였다

**AMBASSADE
DE FRANCE
EN CORÉE**
*Liberté
Égalité
Fraternité*

주한
프랑스
대사관

문화과

Cet ouvrage, publié dans le cadre du Programme d'aide à la Publication Sejong,
a bénéficié du soutien de l'Institut français de Corée du Sud – Service culturel de
l'Ambassade de France en Corée.
이 책은 주한 프랑스대사관 문화과의 세종 출판 번역 지원프로그램의 도움을 받아
출간되었습니다.

그녀가 최초였다

세상을 바꾼
우 먼 파 워
100

멜리나 가즈시 · 수잔 케스탄베르그 지음
마르고 레노도 그림 | 송천석 · 유상희 옮김

ELLES
ONT ETE
LES
PREM

에디미디

ELLES ONT ETE
LES PREMIERES

추천하는 말

『그녀가 최초였다(세상을 바꾼 우먼 파워 100)』(이하 『우먼 파워』)은 현재 우리에게 꼭 필요한 책이 아닌가 한다. 페미니즘 논쟁은 끝도 없이 반복되고 있고, 애매한 경계에 있는 페미니스트가 또 다른 페미니스트와 논쟁을 벌이는 경우도 있기 때문이다. 페미니즘은 지속적으로 입증하고, 교육하고, 반응해야 하는 주제인 까닭이기도 하다. 이 책에는 공통적인 여성 해방의 역사가 있다. '세계 최초의 여성들'이 있었다는 말이다. 우리는 그 여성들을 알고, 기억하고, 기념할 필요가 있다. 앞서 활동한 여성들이 오늘날 여성 평등의 길을 열었기 때문이다.

이 책이 소개하는 100명의 여성은 페미니즘 역사에 있어 중요한 역할을 했다. 이들은 오늘날 세계 상황에 대해, 그리고 미래 세계에 대한 선견지명을 보여 준 인물들이다. 이들을 소개하는 일은, 앞으로도 여성의 삶의 질을 개선하기 위해 지속적으로 페미니즘 운동에 참여해야 하는 미래 세대에게, 페미니즘을 계승하고 영감을 불어넣는 방법이 될 것이다. 권리는 결코 거저 얻을 수 있는 것이 아니며, 여성들은 지속적으로 이를 증명해 왔다.

지구상에는 여전히 권리를 완전히 획득하지 못한 채 살아가는 여성들이 많은 까닭에 『우먼 파워』는 꼭 필요한 책이다. 멜리나 가즈시가 소개하는 이 특별한 여성들은 소위 '유리천장'의 작은 틈새, 또는 유리천장에서 새어 나오는 빛과 같은 존재들이다. 만약 여러 시대에 걸쳐진 불평등의 장애를 뛰어넘기 위해 특별함이 요구된다면 『우먼 파워』에 나오는 여성들의 콘셉트와는 맞지 않을 수도 있다. '평등'은 특별해져야 함을 의미하지 않기 때문이다. 즉 남성들과 같은 지위, 같은 역할을 얻기 위해 여성들이 특별해져야 한다면 그것은 이미 평등이 아닌 것이다. 프랑수아즈 지루Françoise Giroud(전 프랑스 문화부 장관-옮긴이)는 "여성이 남성과 진정으로 평등해지는 날은 중요한 어떤 직위에 무능력한 여성이 지명을 받아 일하게 되는 날이다."라고 말했다.

『우먼 파워』는 어째서 '유리천장'이 여전히 존재하는지를 이해하는 데도 필요하다. 소위 권력이란 것이 인류의 절반인 여성에게는 아직도 접근 불가능한 곳에 자리하고 있음을 알게 되기 때문이다. 물론 유리천장은 몇 번 깨어지기도 했는데, 이는 여성 평등이 실현된 결과였다기보다는 모든 종류의 불평등이 해소되는 차원에서 획득된 몇 번의 승리에 불과했다. 유리천장은 이 책 속의 여성들에 의해 이제 겨우 금이 가기 시작했을 뿐 여전히 깨어지지는 않고 있다.

IT 산업은 여성에게는 어울리지 않는 분야일까? IT 산업 초기에 먼저 뛰어든 쪽은 여성이었다. 독자가 곧 알게 될 이러한 이야기들은, 돈이 되고 권력의 원천이 되는 여러 분야에서 여성이 배제된 이유를 흥미

롭게 보여 줄 것이다. 여성들의 개인적인 취향 문제가 아닌, 차별적으로 적용되는 사회 시스템이 빚은 결과임을 알게 될 것이다.

『우먼 파워』는 그럼에도 불구하고 '평등'은 실현 가능하다는 것을 보여 주기에 우리에게 필요한 책이다. 우리는 '여성들은 이러할 것이다'라는 예상을 뒤엎는 인물들과 만난다. 고정관념이 불식되는 순간이다. 여성도 항공기나 우주선을 조종할 수 있고, 항해를 떠나고, 사고할 수 있으며, 지도자도 될 수 있음을 이 책의 주인공들에게서 분명히 보게 되리라. 어떤 이들은 시대를 매우 앞서 나가기도 해서, 그녀들의 인생 여정 자체가 이 세계가 진보하는 동력이 되기도 했다. 세상을 변화시킬 수 있는 가능성을 제시한 것이다. 이들 위대한 여성 100인이 대항해 싸운 것은 단지 여성의 평등권 획득을 위함이 아닌, 온 인류의 해방을 위한 선택이었음을 독자는 역사 속에서 보게 되리라. 그것이 얼떨결에 이루어진 업적인지, 주체로서 얻어 낸 결과였는지 여부를 파헤칠 필요는 없다. 그런 유의 관심은 더 나은 세상을 포기하겠다는 것과 다르지 않다.

『우먼 파워』는 결국 우리에게 필요한 책이다. 여성은 다른 여성에게 관심과 애정을 가지고 서로 연대해야 한다. 존경받아 마땅한 이 책의 주인공들은 유명하든, 평범하든, 가까운 사이든, 잘 모르는 사이든 할 것 없이, 여성 스스로가 다른 여성을 존경하고 명예를 드높일 수 있어야 함을 보여 준다.

내게 늘 독립적인 여성이 되라고 하신, 사회적으로 강요된 여성들의 에티켓이라는 규율에 스스로를 가두지 말라고 하신 내 어머니를 떠올려 본다. 의대 과정을 졸업한 최초의 여성들 중 한 명인 증조할머니에 대해서도 생각한다. 할머니는 의대를 졸업했음에도 의사 생활을 할 수 없어,

결국 연구원이 되었다. '여자 연구원'이란 단어도 없던 시절의 이야기다. 물론 현재는 알다시피 '여자 연구원'(프랑스어에는 같은 직업 종사자라도 남성과 여성을 부르는 단어가 따로 존재한다-옮긴이)이라는 단어가 있다. 영화 분야에서 내게 어머니와도 같은 존재인 아녜스 바르다Agnès Varda는 여성들끼리 뭉치고 연대하는 것이 불공정에 대항할 수 있는, 여성들이 가진 유일한 무기라는 사실을 인식하고 투쟁의 삶을 살아왔다.

나는 '투명인간'으로 살아가는 여성들의 태도가 여성으로 하여금 일상에서 영웅심을 발휘하는 일을 가로막는 요인이라고 생각한다. 우리에게 필요한 것은 불안정한 직업, 폭력, 성차별, 경멸, 정신적인 부담으로 가득한 우리의 삶을 성공적으로 살아가기 위한 영웅심이다.

각도를 조금만 달리해 바라보면 남성과 여성 모두에게 가능성의 장을 열어 준다는 측면에서 페미니스트 논쟁에 응하는 것이 보다 현대적이라고 말할 수 있지 않을까? 그것은 현재 우리가 가진 어떤 확신이나 신념을 향해 다시 한 번 질문을 던지고, 이미 확립된 위계질서에 대해서도 다시 한 번 생각해 보게 하는 일이기 때문이다.

페미니스트가 된다는 것은 용감하게 현대화되겠다는 의미다. 현대화된다는 것은 평등을 요구하는 여성들의 목소리에 힘을 보태고, 소수자와 차별받는 이들에게 희망의 버팀목이 되어 주는 일이다. 나는 모든 여성들과 일치된 마음으로 여성의 지위 향상을 이루어 내고자 싸우는 일에 자부심을 갖는다.

위대한 역사 속으로 모든 여성들을 인도해 준 멜리나에게 감사한다.

쥘리 가예Julie Gayet(배우, 영화감독)

들어가는 말

이 세상 모든 여성에게 이 책을 바친다.

당신은 책에서 곧 만날 여성들이 21세기 민주주의 사회가 양성평등으로 나아가는 길을 연 사람들이라는 사실을 확인하게 될 것이다. 이는 인간성 회복의 증거이리라. 책에서 소개한 여성들의 면면을 보면, 그들은 시대의 흐름에 따라 멈추지 않고 달려가고 있으며, 20세기에 들어서면 보다 속도를 올리고 있음을 알게 된다. 여성을 남성과 분리하게 만드는 차이를 없애고, 여성해방적인 차원에서 '잃어버린' 시대를 따라잡고자 함이다. 고마르구의 일러스트레이션 속 여성들도 대부분 서 있는 자세를 취하고 있다.

나는 이 책을 같은 의미에서 남성에게도 헌정하고 싶다. 남성도 여성과 똑같은 사람이며, 사실 서로가 상대방은 이럴 것이다, 라고 생각하는 것보다 훨씬 더 닮은 존재이기 때문이다. 나는 남성과 여성이라는 분류도, 양쪽이 서로에게 벽을 치는 것도 좋아하지 않는다.

오늘날 대부분의 민주주의 국가 여성들이 누리고 있는 권리가 여성들의 끈질긴 노력과 저항으로 획득된 것임은 부인할 수 없다. 하지만 여전히 성적인 차별이 남아 있는 것도 분명한 사실이다. 1981년 3월 6일 여성으로는 최초로 아카데미 프랑세즈 종신회원에 선출된 마르그리트 유르스나르Marguerite Yourcenar를 보면 좀 더 명확해진다. 그녀는 그 자리를 얻기 위해 휴머니즘에 크게 호소했다. 여성의 사회적 지위에 대한 이해와 공감, 여성에 관한 지식, 남성과 여성의 차이에 대한 인지 없이는 남성과 여성의 협력은 불가능하다고 생각했기 때문이다. 남성들의 영역이라고 생각하는 아버지, 오빠, 남편, 삼촌, 친구, 동료의 역할을 여기 소개한 여성들 중 누군가가 대신하도록 내버려 둘 남성이 없다는 사실은 여성에게 그 역할이 맡겨져도 하등의 문제가 없음을 방증하는 것이다. 어쨌든 2021년 3월 8일 세계여성의 날 100주년이 되는 해에 이 책이 출간된다면, 그것은 무엇인가를 세상에 알렸다는 뜻일 테고, 또한 세상에 알려야 할 무엇이 여전히 남아 있다는 뜻이리라(이 책은 프랑스에서 2021년에 출간되었다-옮긴이). 여성들은 거의 항상 의미 있는 일들을 위해 싸워야만 했기 때문이다. 이 책은 여성에게 어떤 차별적인 일도 일어나지 않는다면 존재하지 않았을 결과물이다. 현재까지도 평등의 완성까지는 갈 길이 멀고, 어떤 곳에서는 아직 시작되지도 않았다.

'최초의 여성들'과 관련해 굳이 '최초'를 이야기할 필요가 있는지, 첫 번째 자리가 그렇게 중요한지를 누군가 물으면 나는 '아니요'라고 쉽게 답해 버리지만, 사실 '첫 번째'는 중요하다. 통계적으로 초등학교에서는 성적이 우수한 여학생들이 대체로 1등을 차지하다가, 고학년으로 올라갈수록 1등에서 멀어지고, 이후 줄어들다가, 사회생활을 시작하면 1등 여성은 아예 사라져 버리는 것을 볼 수 있다. 나는 통계가 잘못되었다는 것을 보여 주고 싶었다. 통계라는 것이 존재하지 않던 시절에도, 어른이 되어서도, 여성들이 학교를 가지 않거나, 학교에 다니는 여성이 소수였던 시절에도 여성들이 첫 번째 자리를 차지하는 경우가 많았음을 드러내고 싶었다.

오늘날 어떤 여성들은 살아가면서 고위층에 오르거나, 권력을 가진 자리에 있는 것을 원하지 않기도 한다. 그들은 다른 야망, 다른 욕구가 있기 때문이다. 그들은 디올 (327쪽 참조)의 아트디렉터인 마리아 그라치아 키우리_{Maria Grazia Chiuri}처럼 자유롭다. 어떤 여성들은 경쟁 속에서 자신을 과대평가해 더닝 크루거 효과(능력이 없는 사람이 잘못된 결정을 내려 부정적인 결과를 얻게 돼도, 이를 판단할 능력이 없기 때문에 해당 오류를 파악하지 못하는 현상-옮긴이)를 경험하기도 한다. 여성을 둘러싼 관습, 가족과 사회의 편견, 당연시되는 고정관념까지 합세하면, 학교 성적이 우수한 여성들은 고집이 세고, 옹색하며, 성적을 위해 목숨을 거는 부류라는 인식이 만들어진다.

나는 개인적으로는 차별을 겪지 않았다. 대학 이전까지는 남녀 합반이 아니었고, 학교에서 성차별도 많지 않았다. 적어도 스물두 살까지는 그랬다. 하지만 당신의 딸이 혹시라도 남자와 육체관계를 가진 후 임신하는 것을 보게 된다면, 엄마가 무척 괴로워하시리라는 생각은 늘 하고 있었다.

여자들이 많은 집안에서 태어난 나는 파리로 이주해 여자들만 사는 규방 같은 곳에서 살았다. 그곳에서 여자들은 저마다의 일상 속에서 나이, 체력, 취향에 따라 맡은 역할을 하며 살아갔다. 내 주위의 여성들 모두가 동등했다. 이웃에 사는 유일한 두 남자는 부인의 가사를 함께 했다. 그들은 부부간의 대화를 통해 결정 사항이나 의무, 휴식 같은 것들을 자연스럽게 공유했다. 그래서 나는 그때까지 지배적인 관계나 남녀 차별적인 문제와는 거의 직면하는 일이 없었다.

스물두 살에 처음으로 남자친구와 살기 시작했을 때의 일이다. 어느 날 남자친구 어머니의 친구가 나를 찾아왔다. 그녀의 이름은 레이몽드. 아직도 기억하고 있다. 그녀는 막 일을 끝내고 돌아와 속옷을 빨고 있던 내게 이렇게 말했다.

"네 빨래만 하고 P(남자친구)의 빨래를 안 해주면 P가 널 지켜 주지 않을지도 몰라." 그때 내가 당황했었는지는 기억에 없지만, 그녀에게 한 대답은 기억한다. "날 지켜 준다고요? 그럴 필요 없어요. 난 그의 애완동물이 아니거든요."

여성들의 싸움은 진화하는 중이다. 엘리즈 보두앵과 아리엘 비즈만의 다큐멘터리 「팝 페미니즘, 활동가에서 대중의 아이콘으로Pop féminisme, des militantes aux icônes pop」(Arte 채널에서 2020년 방영)에서 강조한 것처럼, 스파이스 걸스, 마돈나, 비욘세 같은 수많은 팝 아이콘들이 'Girl Power'를 노래하며 최정상에 올랐다는 사실을 보면 알 수 있다.

이 책의 속편을 쓰기 전에 몇몇 여성들에게 먼저 인사를 전하고 싶다.

먼저, 앨리스 볼Alice Ball(1892-1916)은 아프리카계 미국인 화학자다. 1915년에 하와이 칼리히 병원에서 차울무그라Chaulmoogra 오일에 존재하는 활성 성분의 수용성 용액을 조제하는 데 성공한다. 이 약품은 한센병 치료에 효과가 있으며, 주사가 가능하고 부작용이 거의 없어 1940년대까지 한센병 치료에 사용되었다. 안타깝게도 약품을 발명한 앨리스는 이듬해 사망해 자신이 발견한 치료법이 환자에게 사용되는 것을 보지 못했다. 2000년 하와이 대학에 그녀의 동상이 세워졌으며, 2016년부터는 그녀의 이름을 딴 장학금이 수여되고 있다.

과학 분야에서는 영국인 안나 앳킨스Anna Atkins(1799-1871)도 기억해야 한다. 1842년 영국 천문학자가 발명한 사진 기술인 청사진법Cyanotype을 처음으로 사진에 적용해 1843년 『영국의 해조류Photographs of British Algae. Cyanotype Impressions』라는 최초의 사진집을 발간한다. 그녀에게 경의를 표하기 위해 2019년 만들어진 사본을 뉴욕공립도서관에서 볼 수 있다.

초음속 여객기 콩코드의 여성 파일럿보다 앞선 아멜리아 에어하트Amelia Earhart, 테레즈 펠티에Thérèse Peltier에 대해서도 이야기하고 싶다.(262쪽 참조) 마리 마르벵Marie Marvingt은 1909년 프랑스 낭시에서 영국까지 열기구로 비행한 최초의 여성이다. 『시카고 트리뷴Chicago Tribune』은 마리를 잔다르크 이후 가장 특출한 프랑스 여성이자 겁 없는 여성이며, '위험과 약혼한 여인'이라고 평한 바 있다.

언론에 종사하는 여성들에게도 인사를 건네야 할 것 같다.(296쪽 참조) 앙드레 비올리스Andrée Viollis(1870-1950)는 루이 아라공이 발간한 『프티 파리지엥Petit Parisien』에 보도 기사를 써서 여자 알베르 롱드르Albert Londres(프랑스 저널리스트이자 작가로, 1932년 그의 이름을 딴 롱드르상이 만들어졌다. 미국 퓰리처상의 프랑스 버전이라 보면 된다-옮긴이)로 인정받으며 이슈의 중심에 서기도 했다. 아이다 웰스Ida B. Wells(91쪽 참조)는 미국의 인종차별에 반대하는 투쟁으로 언론에서 명성을 얻었다. 그녀는 또한 1972년 미국 CBS 방송국에서 일한 최초의 아프리카계 미국인이자 흑인 언론의 퍼스트레이디로 통하는 에델 페인Ethel Payne에게 영향을 주었다. 종군기자 마사 겔혼Martha Gellhorn은 1930년 미국의 대공황과 히틀러의 출현, 노르망디 상륙작전을 보도했고, 유럽과 한국전쟁에서 활약한 종군기자 마거릿 히긴스Marguerite Higgins는 부헨발트와 다하우 집단수용소의 해방과 뉘른베르크 재판을 취재했으며, 1951년 퓰리처상을 받았다. 국제 보도 뉴스 분야에서는 최초였다. 마거릿이 1966년 45세로 사망했을 때 『뉴욕 타임스The New York Times』는 그녀가 기자로서 정상의 자리에 오르기 위해 '여성의 영리함'을 이용했다고 쓰기도 했지만, 노코멘트 하겠다. 가장 최근에는 『뉴욕 타임스』 편집국장 질 에이브럼슨Jill Abramson이 여성으로서는 최초로 『뉴욕 타임스』 발행인이 돼 2011년부터 2014년까지 활동한 바 있다. 프랑스 미디어 분야의 위대한 인물 엘렌 라자레프Hélène Lazareff는 출판이 통제되던 시대에 출간 준비를 마치고 프랑스가 해방되던 해 여성잡지 『엘르ELLE』를 창간했다. 이 모든 것이 역사적인 사실이다. 프랑수아즈 지루는 장자크 세르방 슈레베르Jean-Jacques Servan-Schreiber와 함께 1953년 주간지 『렉스프레스L'Express』를 창간하고 1970년대까지 편집장으로 일했다. 1974년 신설된 총리실 산하 여성 권리 부서의 첫 비서관으로 임명되기도 했다. 일부 저널리스트들은 동료를 대하는 그녀의 방식을 비난하기도 하지만 그건 또 다른 이야기다. 여전히 활기가 넘치고 품위 있는 에드몽드 샤를루Edmonde Charles-Roux에게 감사한다. 그녀는 『보그 파리Vogue Paris』 편집장으로 있으며 패션에 특화된 광택 용지에 인쇄한 여성 용품으로서의 화려한 잡지를 만들었다. 1966년 흑인 모델을 표지 모델로 선택했다가 해임된다. 해임에 반대한 월간 칼럼니스트 두 명의 사임이 뒤따랐다. 언급한 인물들이 엄밀한 의미에서 각 미디어 최초의 여성들이었나 하는 문제는 별로 중요하지 않다. 저널리스트 혹은 작가로, 20세기 초에는 두 가지 역할을 동시에 수행하는 여성들이 많았다. 안나 드 노아유Anna de Noailles은 잡지 『행복한 인생La vie heureuse』 소속 작가 스물두 명과 함께 1904년 페미나상Prix Femina을 만든다. 공쿠르상이 품고 있는 여성 혐오에 대한 반발이었다.

화가들에 대해서도 살펴보자.

이탈리아 여성 화가들, 특히 16세기에서 18세기에 활동한 화가들을 조명하고 기념하기 위해 로얄 팰리스 밀라노에서는 2021년 다음 작가들의 작품들을 전시한 바 있다. 소포니스바 안귀솔라Sofonisba Anguissola, 라비니아 폰타나Lavinia Fontana, 페데 갈리지아Fede Galizia, 아르테미시아 젠틸레스키Artemisia Gentileschi, 지네브라 칸토폴리Ginevra Cantofoli, 엘리자베타 시라니Elisabetta Sirani. 릴리 라이히Lilly Reich(273쪽 참조) 이후 디자이너로서 이름이 알려진 여성에는 샤를로트 페리앙Charlotte Perriand, 플로렌스 놀Florence Knoll, 남편 찰스 임스Charles Eames와 함께 작업했던 레이 임스Ray Eames 등이 있다. 찰스 임스는 "내 아내는 내가 할 수 있는 모든 것을 나보다 더 잘할 수 있는 사람이다."라고 말하기도 했다. 보석 세공 디자이너 쉬잔 랄리크Suzanne Lalique는 장식 디자이너인 아버지 르네 랄리크를 도와 빼어난 작업을 했다. 아버지의 뛰어난 작품 중 일부는 그녀가 만든 것으로 오늘날 알려져 있다. 핀란드의 에이노 알토Eino Aalto는 유명 건축가인 알바르 알토Alvar Aalto의 아내로, 1935년 남편과 함께 디자인 회사 아르텍Artek은 공동 설립한다. 아르텍은 2013년 스위스 디자인 회사 비트라Vitra의 품 안으로 들어가 현재까지 협업하고 있다. 이탈리아의 여성 건축디자이너인 아나 카스텔리 페리에리Anna Castelli Ferrieri, 리나 보 바르디Lina Bo Bardi, 가에 아울렌티Gae Aulenti, 아프라 스카르파Afra Scarpa도 뛰어난 능력에 비해 덜 알려진 여성들이다. 마찬가지로 스웨덴의 그레타 그로스만Greta Grossman도 거의 잊혔지만, 디자인 하우스 구비Gubi에서 그녀가 디자인한 유명한 탁상 램프 '그라스호퍼'를 다시 유행시키면서 그녀의 이름을 높이는 중이다. 1950년, 1960년대 섬유 디자이너로 그렇게 큰 영향력을 미쳤음에도 루시엔 데이Lucienne Day(영국)도 잊힌 이름이 되었다. 아마도 누구의 아내로만 알려졌기 때문이리라. 에일린 그레이Eileen Gray(273쪽 참조)는 '운명'이라는 이름의 옻칠한 병풍으로 유명하다. 의상 디자이너 자크 두세Jacques Doucet로부터 의뢰받아 만든 걸작이었다. 더불어 19세기 섬유 혁명과 카펫 발명 이후 급속히 쇠퇴한 고급 융단의 전성기를 다시 불러온 인물이기도 하다. 현재 여성 디자이너의 수는 많이 늘었다. 많으면 많을수록 좋은 것이다.

콘트라베이스 연주자 조엘 레앙드르Joëlle Léandre가 2017년 12월에 열린 빅투아르Victoire du jazz 페스티벌에서 여성에게 어떤 상도 수여하지 않는 심사위원들을 맹렬하게 비난한 일도 언급하고 가야겠다.

각 분야에서 새로운 길을 만들기 위해 최선을 다한 세계 최초의 여성을 잊을 수 없다. 특히 정치 분야에서 미국 부통령으로 선출된 카멀라 해리스Kamala Harris(340쪽 참조)를 빼놓을 수 없겠다. 세계적으로 특별한 경우이기 때문이다. 현재 미국 행정부에는 스물한 명의 장관급 여성이 일하고 있다. 세계 주요 도시 중 여성 수장을 가진 곳은 10퍼센트 정도에 불과하다. 안 이달고Anne Hidalgo는 빛의 도시 수장 자리에 올랐다. 2014년 여성 최초로 프랑스의 수도 파리 시장이 된 것이다. 그녀에게 여성들의 우상이라고 축하를 보낼 수도 있지만, 이 책을 쓰는 김에 시장이 된 최초의 여성들을 더 많이 알리고 싶다. 취리히 시장 코니 마우흐Corine Mauch, 모리타니아 수도 누악쇼트 시장 매티 민트 하마디Maty Mint Hamady, 클라우디아 로페스Claudia López 보고타 시장, 클라우디아 쉰바움 Claudia Sheinbaum 멕시코시티 시장, 소함 엘 와르디니Soham El Wardini 다카르 시장, 오슬로 시장 마리아네 보르겐Marianne Borgen, 몬트리올 시장 발레리 플랑트Valérie Plante, 샌프란시스코 시장 런던 브리드London Breed, 시카고 시장 로리 라이트풋Lori Lightfoot, 워싱턴 D.C.의 뮤리얼 바우저Muriel Bowser가 그들이다.

여성이라는 운명을 마감하기 위해 프랑스로 다시 돌아온 바브 니콜 클리코Barbe-Nicole Clicquot 부인을 생각해 본다. 그녀는 퐁샤르댕 집안에서 태어나 스물여덟에 과부가 된다. 남편이 경영하던 회사를 물려받은 뒤, 더욱 연구와 개발에 힘써 1810년 신기술을 개발하고 샴페인 퐁샤르댕을 자신의 사업으로 재창조하기에 이른다. 우리가 잘 아는 그 샴페인 뵈브 클리코 퐁샤르댕이 탄생한 것이다.

멜리나 가즈시

차례 Contents

Jeanne Barret

농부의 딸,
바지를 입고
배에 오르다

잔 바레(1740-1807, 프랑스) 여성 최초로 세계 일주(1767)

농사를 짓는 부모님과 부르고뉴의 한 시골 마을에 살던 잔 바레는, 부모님이 돌아가시고 홀로 남겨지자 식물학자인 필리베르 코메르송의 집에 가정부로 들어간다. 필리베르에게는 출산 도중 세상을 떠난 아내를 대신해 젖먹이 아들을 돌볼 사람이 필요했다. 서로를 위로해 주다 사랑에 빠진 잔과 필리베르는 아직 어린 그의 아들 아르샹보를 다른 가정부에게 맡기고 함께 파리로 떠난다.

필리베르 코메르송이 루이 15세의 식물학자로 임명되었을 때의 일이다. 학자들과 더불어 세계 일주를 준비 중이던, 프랑스 해군 제독이자 탐험가인 루이앙투안 드 부갱빌의 지명으로 필리베르가 항해에 합류하게 된 것이다. 목표는 기항지마다의 식물을 면밀하게 조사하고 표본을 만들어 프랑스로 가져오는 것.

잔은 필리베르와 함께 항해를 떠난다는 생각에 들떠 어쩔 줄 몰랐다. 부모님이 살아 계실 때 잔은 읽고 쓰는 법을 비롯해 많은 것들을 배웠

다. 당시 소작농 집안에서는 극히 드문 일이었다. 부모님을 도와 농사일을 하는 한편 어머니와 갖가지 효능을 지닌 약초를 채집하기도 했다. 이후 필리베르의 가정부가 되었고, 그의 연인이 되었으며, 식물학자의 조수가 되기에 이른 것이다. 잔은 필리베르에게서 식물학에 대해 많은 것을 배웠다. 그리고 곧 식물학에 빠져들었다. 그녀는 자신이 이 항해에 여러모로 도움이 될 것이라 믿었다. 필리베르의 건강이 그리 좋지 않았던 탓에 그런 상태로 세계 일주 여행을 하려면 자신의 도움이 필요할 것이라고 생각했다.

그녀는 장 바레가 되기로 한다.
꽁꽁 싸맨 가슴에 남자처럼 짧게
자른 머리를 하고, 필리베르의
시종이자 조수 임무를 정식으로,
그것도 탁월하게 수행한 것이다.

때로는 조수로서 때로는 간호사가 되어, 잔은 항해 내내 필리베르를 돌본다. 필리베르가 자신을 도울 사람을 데려가게 해 달라고 부갱빌과 협상한 끝에 동의를 얻어 낸 것이었다.

잔 바레는 이렇게 1767년 2월에 투알호號를 타고 세계 일주를 한 최초의 여성이 된다. 위장 신분이었다. 당시 여성은 국왕의 함선에 오를 수 없었기 때문이다. 그렇다면 잔은 어떻게 배를 탔을까? 그녀는 장 바레Jean Baré(장은 잔의 남성형 이름-옮긴이)가 되기로 한다. 꽁꽁 싸맨 가슴에 남자처럼 짧게 자른 머리를 하고, 필리베르의 시종이자 조수 임무를 정식으로, 그것도 탁월하게 수행한 것이다. 부갱빌이 이때의 기록 『세계일주여행Voyage autour du monde』에서 설명한 바에 따르면, 선원 차림을 한 잔의 '짐승 같은' 체력 때문에 그들 중 누구도 잔이 여자이리라는 의심조차 하지 못했다고. 물론 수염 없는 이 작은 몸집의 기묘한 조수에 대한 몇 가지 소문이 돌기는 했지만 말이다.

기발한 술책과 기상천외한 해명으로 위기를 잘 모면해 온 잔은, 결국 타히티인들에게 정체를 들키고 만다. 하지만 부갱빌은 아무 말 없이 잔으로 하여금 항해를 계속하게 한다. 이후 1785년, 부갱빌의 추천을 받은 루이 16세가 잔의 공로를 치하하며 연금을 수여하는데, 이때 '비범한 여인femme extraordinaire'이라는 칭호도 함께 부여한다.

이야기는 여기서 끝이 아니다. 잔과 필리베르 커플(두 사람은 끝내 결혼하지 않았다)이 채취한 식물 종種 하나에는 부겐빌레아Bougainvillea라는 이름이 붙게 되는데, 프랑스의 위대한 탐험가 부갱빌에 대한 경의의 표시였다. 한참의 세월이 흘러 2012년, 유타 대학 소속 생물학자 에릭 티프는 자신이 남아메리카에서 발견한 꽃을 솔라눔 바레티애Solanum baretiae라고 부르기로 한다. 바레티애, 잔 바레를 기리는 의미다.

Melitta Bentz

맛있는
커피를
만드는 여자

멜리타 벤츠(1873-1950, 독일) 최초의 종이 필터 발명(1908)

요즘은 원두커피보다 캡슐 커피가 더 많이 팔리는 추세다. 전 세계까지는 모르겠으나 적어도 프랑스는 캡슐 커피에 정복당한 듯 보인다. 40대 이상에게 커피는 초록과 빨강의 멜리타 포장지와 세트를 이룬다. 작가 프루스트에게 마들렌이 그러했듯, 이 빨강초록 필터 포장지는 그들에게 유년기의 추억을 불러일으키는 장치다.

'멜리타' 하면 떠오르는 것은 커피 필터, 그리고 그 포장지이리라. 말하자면 길다. 이는 커피에 있어 진정한 혁신의 이름에 다름 아니다. 한데 이 이름이 어디에서 왔는지 아는가?

이야기는 20세기 초 독일 드레스덴의 한 가정에서 시작된다. 35세의 주부 멜리타 벤츠는 맛있는 커피를 위해서라면 못 할 게 없다. 그런 그녀를 매일 아침 절망케 하는 건 커피 찌꺼기. 잔에 가라앉은 찌꺼기가 커피 맛을 점점 더 쓰게 만들었기 때문이다. 이 문제를 해결하고자 갖가지 기술과 방법을 강구하던 멜리타는, 1908년 어느 날 새로운 아이디어

를 하나 떠올린다. 아들 빌리의 공책에서 압지를 한 장 떼어 구멍을 여러 개 낸 다음 놋쇠 주전자 안쪽 깊숙이 넣은 것이다. 결과는 성공이었다. 여과를 거친 커피 맛은 이전보다 훨씬 나았다. 멜리타는 이 종이가 상품이 될 수 있겠다고 생각한다.

> 아들 빌리의
> 공책에서 압지를
> 한 장 떼어 구멍을
> 여러 개 낸 다음
> 놋쇠 주전자
> 안쪽 깊숙이 넣은
> 것이다. 결과는
> 성공이었다.

그길로 독일 특허청에 가서 상표 등록을 마친 멜리타는 자신이 사는 아파트에 엠 벤츠M. Bentz라는 이름의 회사를 차린다. 가족회사였다. 이듬해인 1909년, 라이프치히 박람회에 나간 벤츠사는 종이 필터 1천200장을 팔았다. 그리고 채 20년도 지나지 않아 수십만 장의 필터가 팔려 나갔다.

이후 멜리타라 불리게 된 이 필터는 종이 부족 사태와 경기 불황, 양차 세계대전을 겪어 내며, 1950년 고안자인 멜리타가 77세의 나이로 세상을 떠날 때까지 순조로운 길을 걷는다. 회사는 멜리타의 손주들이 물려받았으며, 현재 독일 라인란트 지역에 본사를 둔 4대까지 이어진 회사가 되었다.

Ada Byron

백작부인과
알고리듬

$$\frac{x}{e^x - 1}$$

에이다 바이런 '러브레이스 백작부인'(1815–1852, 영국)
최초로 컴퓨터 프로그램 고안(1842)

에이다 바이런은 시인 바이런의 딸이다. 어쩌면 문학 분야에서 이름을 날릴 수도 있었을까. 하지만 에이다 나이 겨우 한 살일 때 에이다의 엄마와 헤어진 바이런이 그 길을 가려는 딸에게 격려의 말을 해줄 일은 없었을 터. 열정과 터무니없음으로 점철된 관계는 끝났고, 바이런은 그렇게 딸과도 관계를 끊었다.

에이다 바이런, 러브레이스 백작부인은 문학이 아닌 다른 언어의 세계에서 이름을 떨친다. 컴퓨터 프로그램을 만든 것이다. 전문가들에게는 '에이다^Ada'라는 이름으로 알려진 프로그램. 역사상 최초의 일이다. 산업혁명기, 성차별이 만연한 영국 사회에서 이는 쑥덕공론의 대상이 되기에 충분했다.

에이다는 어머니 쪽을 닮은 편이었다. 학식이 풍부한 귀족 출신 어머니는 특히 수학에 푹 빠져 있었는데, 바이런과 연애하던 시절 그가 '평행사변형 공주'라는 별명까지 붙여 줄 정도였다. 그런 어머니인지라 아

버지의 부재에 대해 딸이 지나친 감상에 빠지는 것을 경계했다. 과학에 보다 흥미를 가져 주기를 바랐다. 에이다가 열여섯 살에 이미 과학을 그림과 함께 시적으로 표현한 책 '시적인 과학'에 대한 아이디어를 발전시키고자 했으니, 그녀의 노력은 보답을 받은 셈.

에이다는 사교계 살롱에서 찰스 베비지를 만난다. 그는 기계식 계산기를 발명한 수학자이자 현대 컴퓨터의 시초라고 할 수 있는 '해석기관Analytical engine'을 고안한 인물이다. 자신이 꿈꾸던 해석기관의 성능을 향상시키고자 에이다는 베비지와 공동 작업을 진행한다. 그리고 1842년 기계로 실행되는 최초의 프로그램인 최초의 알고리듬을 개발

에이다 바이런은 문학이 아닌 다른 언어의 세계에서 이름을 떨친다. 컴퓨터 프로그램을 만든 것이다. 전문가들에게는 '에이다Ada'라는 이름으로 알려진 프로그램. 역사상 최초의 일이다.

하기에 이른다. 그녀는 심지어 자신의 신체를 분자 실험에 사용할 것을 제안하기도 했다. 이는 신경과학과 연계된다 하겠는데, 오늘날의 신체 부착형 의료기기와 비슷한 것을 고안해 보려는 시도였다. 애석하게도 영감은 그 이상으로 발전되지 못한다. 그녀가 경마 베팅에 활용할 만한 알고리듬을 만드는 데 정신을 뺏겼기 때문이다. 요즘 말로 '경마광' 수준이었다니 알 만하다. 후에 백작부인이 되었으니 그나마 다행.

한동안 잊힌 이름이던 에이다 러브레이스는 현재 주기적으로 세상에 모습을 드러내고 있다. 미합중국 국방부는 1979년 한 프로그래밍 언어를 에이다라 명명한다. 프랑스 국립과학연구센터CNRS에는 에이다라 불리는 슈퍼계산기가 있다. 미국의 아티스트 린 허시먼 리슨은 자신의 영

화 「컨시빙 에이다Conceiving Ada」를 1997년 미국 선댄스 영화제에 선보인다. 영국 배우 틸다 스윈튼이 에이다를 연기했다. 최근 것으로는 파리 소재 디지털 아트센터, 라 게테 리리크La Gaîté Lyrique의 전시회 '컴퓨터 거르르즈Computer Grrrls'를 들 수 있다. 디지털 분야에 기여한 여성들을 기리는 전시회로서 역시 에이다에 대한 존경을 보여 주었다. 에이다가 봤으면 틀림없이 흡족해했으리라. 2017년 파리 13구에는 에이다 러브레이스 거리가 생겼다.

광대한
우주에
나 홀로

발렌티나 테레시코바(1937-, 러시아) 우주에 간 최초의 여성(1963)

　1962년 4월, 소비에트 공화국 어딘가에서 특별한 선발전이 치러진다. 인류 최초로 우주 비행을 한 우주인 유리 가가린이 조직한 훈련에 참여하고자 지원한 400명 가운데 다섯 명의 여성 지원자가 극비리에 선발되었다. 또 다른 우주 탐사를 위한 숨은 인재를 찾는 것이 목적이었다. 선발된 5인의 면면은 엔지니어 두 명과 교사, 속기사 그리고 노동자였다. 이 노동자 지원자는 모스크바에서 300킬로미터 떨어진 야로슬라블 소재 한 방직 공장에서 일하며 공산주의 청년단을 이끌고 있는 여성이었다. 이름은 발렌티나 테레시코바. 아마추어 스카이다이빙 클럽 소속. 벌써, 어쩌면 겨우 90회 낙하 경험 보유자.

　7개월의 고강도 훈련이 끝났을 때, 소련 공산당 서기장 흐루쇼프는 최종적으로 우주 모험에 참가할 사람으로 발렌티나를 발탁한다. 개인의 역량보다 사회적, 정치적 요소가 선발 기준으로 크게 작용했다는 말이 세간에 돌기도 했다. 발렌티나는 서민 계층 출신인 데다, 무엇보다

정당 활동가였기 때문이다. 기준이 뭣이었든 1963년 6월 16일, 역사적인 가가린의 우주 비행 후 2년 뒤, 발렌티나가 탄 보스토크 6호는 우주로 향한다. 그녀는 6월 16일부터 19일까지 70시간 41분 동안 지구를 마흔여덟 바퀴 돌았다.

발렌티나 테레시코바는 우주 비행을 한 최초의 여성이 되었다. 나이 스물여섯에 국가 영웅으로 거듭났다. 기실 발렌티나는 당시 지구로 돌아오지 못할 수도 있었다. 그녀는 임무 수행 도중 수많은 난관에 부딪쳤으나 이런 사실은 대중에게 공개되지 않았고, 훗날 소련 붕괴 이후에야 드러났다. 여러 여성들이 발렌티나의 발자취를 따랐다. 1982년 같은 소련인 스베틀라나 사비츠카야, 1983년 미국인 샐리 라이드, 1991년 영국인 헬렌 샤먼, 2008년 한국인 이소연이 그들이다. 수많은 여성 우주인이 나왔지만 발렌티나 테레시코바는 오늘날까지도 혼자 우주를 여행한 유일한 여성이다. 물론 현재의 우주 비행선은 한 사람 이상이 탑승하도록 설계된다는 사실을 밝혀 둔다.

> 1963년 6월 16일, 역사적인 가가린의 우주 비행 후 2년 뒤, 발렌티나가 탄 보스토크 6호는 우주로 향한다. 그녀는 6월 16일부터 19일까지 70시간 41분 동안 지구를 마흔여덟 바퀴 돌았다.

한없이
행복한
수학의 시간

마리암 미르자하니(1977–2017, 이란) 여성 최초로 필즈 메달 수상(2014)

2014년 서울에서 날아온 뉴스에 문화계와 과학계가 들썩였다. 그해 서울에서 개최된 수학 부문 당대 최고의 석학들이 모이는 수학자 대회에서 마리암 미르자하니가 최고상의 영예를 얻었기 때문이다. 마리암은 이로써 수학의 노벨상이라 불리는 필즈 메달을 받은 최초이자 유일한 여성이 된다. 이 대단한 필즈상이 1936년에 시작되었다는 것도 주목할 만하지만, 여자는 수학에 재능이 없다는 편견은 사실이 아님을 보여 준 사건이었다.

사실 마리암은 문학에 더 큰 재능이 있었고, 처음 선택한 분야는 인문학이었다. 하지만 오빠를 통해 수학자 카를 프리드리히 가우스의 책을 읽게 되면서 생각을 바꾼다. 책은 1에서 100까지의 모든 정수를 쉽게 더하는 방법을 설명하고 있었다. 중학생 마리암은 이내 숫자와 수학적 추론, 특이한 형태의 기하학에 빠져들기에 이른다. 수학에 뛰어난 재능을 보였음은 물론이다. 이후 마리암은 당시 영재학교로 유명하던 테

헤란의 파르자네간 고등학교를 거쳐, 이란 최고 명문이자 입학하기조차 어렵다는 샤리프 공과대학에 들어간다.

국제 수학 올림피아드에서 두 차례 금메달을 수상한 뒤 그녀는 미국으로 건너가는데, 하버드와 프린스턴을 비롯해 훗날 자신이 학생을 가르치게 될 스탠퍼드 등 미국 유수의 대학에서 수학한다.

걸작으로 평가되는 마리암의 박사 논문에 대해 지도 교수는 이렇게 말했다. "마리암의 연구는 수학적 이해의 한계에까지 나아가는 길을 제시한다. 그곳은 아주 중요한, 해결을 기다리는 문제들이 있는 곳이다." 젊은 수학자들이 앞으로 가야 할 길을 열어 준 것이다.

수학 문제와 보내는 시간이 길어지면 길어질수록, 나는 그만큼 더 행복을 느낀다.

자신의 연구를 '그림'으로 정의했던 마리암은 2017년 7월 13일, 자신의 페이스북 계정에 이런 글을 남긴다. '수학 문제와 보내는 시간이 길어지면 길어질수록, 나는 그만큼 더 행복을 느낀다.' 마지막 게시물이었다. 그다음 날, 마흔 살의 마리암은 유방암으로 사망한다. 그녀에게는 이제 수학을 위한 시간이 없다.

Wangari Maathai

나무를
심은
여인

왕가리 마타이(1940-2011, 케냐)
아프리카 여성 최초로 노벨 평화상 수상(2004)

왕가리 마타이는 영국 식민지 시대의 케냐에서 태어났다. 부모님은 농사를 지었다. 여성으로는 최초로 나이로비 대학에서 수의학 박사 학위를 받은 뒤, 미국에서 생물학 공부를 하기 위한 국가 장학금을 거머쥔다.

계속해서 개척자의 삶을 산 왕가리. 생물학자이자 동물 해부학 교수, 정치 운동가 겸 환경 운동가로 활동하며 아프리카 여성 최초로 2004년 노벨 평화상을 수상한다. 조국 케냐의 사막화 방지 운동에 힘썼고, 평화와 민주주의, 지속가능한 개발이라는 가치 정립에 공헌한 바가 크다는 것이 수상 배경이었다.

왕가리는 별명이 많은 여자이기도 했다. '나무의 여인', '나무를 사랑한 여인', '나무의 어머니', 모두 그녀에게 걸맞은 애칭들이다. 이런 별명이 생겨난 배경에는 그녀가 전 미국 대통령 버락 오바마가 아직 상원의원이던 2006년 8월, 나무 한 그루를 심기 위해 찾은 나이로비 우후

루 공원에 동행한 사람이라는 이유도 있지만, 1977년 이미 '그린벨트 운동'이라는 단체를 설립해 환경 파괴와 가난, 분쟁 퇴치를 목표로 시민들에게 나무 심기를 장려한 것이 크다. 환경 파괴, 가난, 분쟁 간에는 밀접한 상관관계가 있다고 보았기 때문이다. "가난한 사람은 최후의 한 끼를 위해 마지막 남은 나무를 벨 수밖에 없다."고 그녀는 입버릇처럼 말했다.

왕가리는 그린벨트 운동을 하면서 케냐인, 특히 케냐의 여성들과 3천만 그루의 나무를 심었다. 또한 UN이 같은 목표에 동참하도록 설득해 전 세계에 110억 그루 이상의 나무 심는 계획을 실행에 옮긴다. 환경 운동에 임하는 왕가리의 신조는 '덜 쓰기Reduce, 다시 쓰기Reuse, 재활용하기Recycle'. 그녀는 그 머리글자를 딴 '3R의 여자'라고도 불렸다. 하지만 전남편은 '다섯 가지 지나친 면을 가진 여자'라고 부르고 싶었을지도 모른다. 그는 왕가리를 향해 '지나치게 유식하며, 지나치게 강하고, 지나치게 명석한 데다, 지나치게 완고해서, 지나치게 다루기 힘든' 여자라며 비난의 말을 쏟고는 했다.

> 그녀는 1977년 '그린벨트 운동'이라는 단체를 설립해 환경 파괴와 가난, 분쟁 퇴치를 목표로 시민들에게 나무 심기를 장려했다. 환경 파괴, 가난, 분쟁 간에는 밀접한 상관관계가 있다고 보았기 때문이다.

Camille du Gast

운전대를
잡은
반골

카미유 뒤 가스트(1868–1942, 프랑스) 운전면허를 딴 최초의 여성(1898)

이제 우리는 자동차 없는 일상을 상상하기 힘들다. 프랑스에서 이동 거리 100킬로미터당 83킬로미터는 자동차에 의해 만들어진다. 그러니 자동차를 운전할 수 있는 사람조차 드물었던 19세 말의 상황을 떠올리기는 쉽지 않다. 그 무렵 자동차는 상류층 엘리트에게만 허용되는 상상을 뛰어넘는 사치품이었다. 하물며 여성에게는 어림도 없었다.

1893년 자동차는 2천500 대, 오토바이는 약 8천 대뿐이었다. 1914년에 고작 백여 명의 여성이 당시의 운전면허증이라 할 운전자격증명서를 소지하는 정도였다. 그럼에도 불구하고 이 배타적인 남자들만의 특별 무대에서 우리는 몇몇 여성의 이름을 발견할 수 있다. 그중 단연 돋보이는 이름이 카미유 뒤 가스트. 1898년에 그녀는 여성 최초로 운전자격증명서를 손에 넣었다. 남녀 모두 사용하는 이름 '카미유'를 보고 남자 아니냐고 묻고 싶은 독자도 있겠지만, 카미유 뒤 가스트는 여자다.

단지 운전면허를 따는 데 그치지 않은 카미유. 1901년 파나르^{Panhard}

운전석에 올라 파리-베를린 일주에 참가하면서 자동차 경주에 출전한 최초의 프랑스 여성이라는 타이틀도 얻는다. 당시로서는 큰 반향을 일으킨 사건이었다. 이후 '기계 위의 발키리'(Valkyrie. 북유럽 신화에 등장하는 반신반인의 여전사-옮긴이)라 불리던 그녀는, 이번에는 드 디트리히 35CV와 함께 험난하기로 유명한 파리-마드리드 경주 출전자 명단에 이름을 올린다(1903년). 당시 제3공화국 에밀 콩브 정부는 카미유를 포함한 모든 여성에게 자동차 경주 출전을 불허한다. 카미유는 막 벤츠의 제안을 받은 참이었는데, 정부의 이런 조치로 인해 안타깝게도 참가하지 못한다. 정부가 내놓은 여성의 자동차 경주 금지 사유는 전설처럼 남아 있다. 여성의 미숙함과 신경과민적 기질. 지금 들으면 웃음만 나오는, 하지만 여전히 종종 듣게 되는 그런 이유였다.

오페라 가수에 뛰어난 피아니스트로도 활동한 그녀는 낙하산 강하 개척자였으며 권총과 소총 사격에도 능했다. 새로운 도전은 언제나 그녀의 것이었다.

카미유는 말 그대로 괴짜였다. 인습을 거부했으며, 그 어떤 편견으로부터도 자유로웠고, 물질적인 여유마저 갖춘, 저돌적인 여자. 위업이 됐든 추문이 됐든 신경 쓰지 않았다. 한때 오페라 가수에 뛰어난 피아니스트로도 활동한 그녀는 낙하산 강하 개척자였으며 권총과 소총 사격에도 능했다. 새로운 도전은 언제나 그녀의 것이었다.

운전면허증 이야기로 돌아가자. 사실 카미유가 1898년에 면허증을 취득한 유일한 여성은 아니다. 안 드 로슈슈아르 드 모르트마르, 일명 위제스 공작부인(1847-1933) 역시 가지고 있었다. 여성 인권 운동가이

자, 유명한 클리코 부인(28세에 과부가 되어 남편의 사업을 물려받은 뒤 그 이름도 유명한 샴페인 뵈브 클리코 퐁샤르댕을 만듦)의 증손녀인 위제스 공작부인은 면허증을 받은 지 겨우 두 달 만에 들라이예Delahaye를 타고 속도위반 딱지를 뗀 최초의 여성이기도 하다. 프랑스 자동차 클럽ACF이 더는 여성 회원을 받지 않기로 하자 공작부인은 1926년 여성 자동차 클럽을 창단, 85세의 나이로 세상을 떠날 때까지 회장을 맡았다.

Clara Zetkin

나는
평등을
외친다

클라라 체트킨(1837-1933, 독일)
최초의 여성 신문 편집장(1890년), '세계 여성의 날' 제안(1910년)

클라라 아이스너는 자신의 부모처럼 교사가 되기를 희망했다. 하지만 교사가 될 운명은 아니었나 보다. 러시아 이민자 학생들의 비밀 집회에 참석한 그녀는 오시프 체트킨을 만나는데, 그와 결혼한 것도 아니면서 자신의 성을 체트킨으로 바꾸기로 한다.

1878년 독일사회민주당SPD의 전신 독일사회주의노동자당SAP에 가입한 클라라는 가족과도 연락을 끊고, 이후 평생 사회주의 사상과 여성, 노동자의 입장을 대변하며 살아간다. 유럽 전역을 누비며 오랜 시간 동안 여성운동가로 활동했다.

1910년 3월 8일 코펜하겐. 제2차 국제 여성 사회주의자 회의장. 몇 해 전 의장으로 선출된 클라라 체트킨에게서 세계 여성의 날을 만들자는 최초의 제안이 나왔다. 실제로는 1917년 러시아 상트페테르부르크에서 발생한 대규모 여성 노동자 파업에서 시작되었다고 보는 게 적절하다. 수년 후 1921년 3월 8일 레닌이 공표하게 되는데, UN이 3월 8일을

세계 여성의 날로 공식 지정한 것은 1977년의 일이다. 유감스럽게도 프랑스는 1982년에서야 비로소 기념일로 지정한다.

클라라는 사회주의자이자 여성 인권 운동가로서, 독일 여성 정치 신문 『평등Die Gleichheit』을 창간하고 1923년까지 편집장을 지낸다. 자신이 창간한 최초의 페미니스트 일간지를 운영하기까지 한 최초의 여성 중 한 명이다.(102쪽 참조) 1933년까지 독일공산당KPD 대변인이자 국회의원으로서 의사당 앞에 나와 주장을 피력하기를 멈추지 않았다. 마침내 최고 여성 중진 의원으로 선출되었을 때는 주저 없이 나치즘에 맞서 싸울 것을 촉구했다. 훗날 히틀러가 권력을 잡자 그녀는 독일을 벗어나기로 하는데, 모스크바로 망명하고 몇 주 후 세상을 떠났다.

세계 여성의 날은 1921년 3월 8일 레닌이 공표했으며, UN이 공식 지정한 것은 1977년의 일이다.

Sirimaro Bandaranaike

인도양에서
날아든
희소식

시리마보 반다라나이케(1916–2000, 스리랑카) 최초의 여성 총리(1960)

믿기지 않는 일이다. 1960년에 여성 국가원수가 나온 것이다. 그렇다, 한 나라를 운영하는 최고책임자가 여자다. 상상하기조차 힘든 일인 양, 행여 이해하지 못할까 싶어 여러 차례 강조해야 하는 현실이라니. 그로부터 60년이 흐른 지금, 전 세계 197개국 가운데 여성 국가원수를 가진 나라는 스물하나에 불과하다. 10퍼센트를 간신히 넘는 수준이다. 비관적으로 본다고 할지도 모르겠다. 물이 반이나 차 있다고 말할 수 있을 때 물이 반밖에 남지 않았다고 보는 관점이라 해도 어쩌겠나. 여전히 기대에 미치지 못하는 상황이고, 평등으로 가는 길은 아직 멀었다는 게 솔직한 평가인 것을.

1960년에 여성이 한 나라의 수장이 된다는 것은 놀랍고도 혁명적인 일이었다. 더군다나 남아시아, 당시 이름으로는 실론에서 벌어진 일이다. 멋지고 기분 좋은 일임은 분명하지만 이는 관습에서 비롯된 결과라 보는 게 타당할 것이다. 시리마보 반다라나이케는 1959년 9월 26일 콜

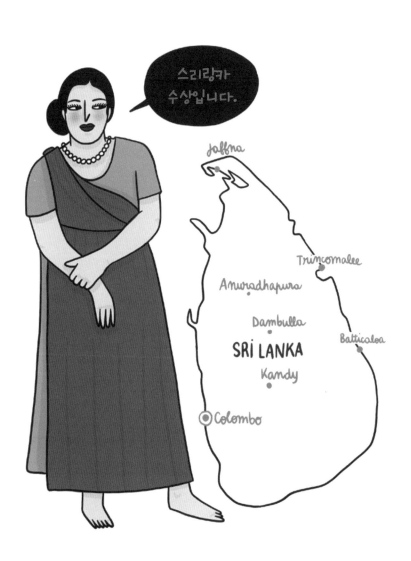

롬보에서 암살당한 솔로몬 반다라나이케 수상의 부인이다. 스리랑카에는 고인이 된 남편의 자리를 아내가 이어받는 관습이 있었다. 시리마보는 총선까지 총리직을 수행하는데, 이어진 총선에서 그녀를 앞세운 스리랑카자유당이 근소한 차이로 승리한다.

승계가 아닌 선출된 진정한 의미의 최초의 여성 원수는 1969년 이스라엘 총리가 된 골다 메이어다. 이는 다른 기회에 다룰 이야기가 되겠다. 시리마보는 나라를 이끌었으며, 1972년 의회로 하여금 공화제를 선포하게 했고, 스리랑카라는 새 이름을 얻은 새로운 나라의 공식 언어로 영어가 아닌 신할리어를 지정한다. 아무튼 대단하지 않은가.

오늘날 전 세계 197개국 가운데 여성 국가원수를 가진 나라는 스물하나에 불과하다.

Junko Tabei

한 발 한 발
정상을
향해

다베이 준코(1939-2016, 일본) 여성 최초로 에베레스트 등정(1975)

에드먼드 힐러리와 셰르파 텐징 노르가이. 두 사람은 수차례 도전 끝에 1953년 최초로 에베레스트 정상에 선다. 여성 산악인이 세운 에베레스트 최초 등정 기록은 1975년 5월 16일로, 보유자는 일본의 다베이 준코. 2016년 도쿄에서 사망한 다베이는 초등학교 시절 선생님 덕분에 등산에 대한 열정을 발견하게 되었다. 선생님은 무척 엉뚱한 분이었는데, 2차 세계대전이 발발한 다음 날, 온 나라가 식량 걱정에 휩싸인 그때 산에 오르자고 제안할 정도였다.

세월이 흘러 영문학으로 학위를 딴 다베이는 남자들이 주축이던 몇몇 산악클럽에 가입한다. 일이란 순탄하게만 흘러가지 않는 법. "제가 남자를 만나려고 클럽에 들어왔다고 생각하는 사람도 있었어요." 자신의 운명을 바꿀 수 있도록 이끈 선생님에 대한 감사를 늘 잊지 않는 그녀는 말했다. "우리 세대 일본 남자들 대부분이 여자는 집에서 살림이나 하기를 바랐지요."

에베레스트 등정 후에도 다베이의 도전은 이어졌다. 그녀는 '7대륙 최고봉' 업적을 달성한 최초의 여성이기도 하다. 7개 대륙 각각의 최고봉들, 탄자니아의 킬리만자로, 미국의 매킨리산(오늘날의 디날리산), 러시아의 엘브루스, 남극의 빈슨산, 인도네시아의 푼착 자야, 프랑스의 몽블랑과 네팔의 안나푸르나가 그것이다.

다베이의 도전은 이어졌다.
그녀는 '7대륙 최고봉' 업적을
달성한 최초의 여성이기도 하다.

Erelyn Berezin

일 좀
쉽게
합시다!

ʃ

에블린 버레진(1925–2018, 미국) 최초의 전자 워드프로세서 개발(1969)

에블린 버레진. 대부분의 사람들에게는 생소할 이름이다. 하지만 컴퓨터 역사를 이야기할 때 우리는 이 이름을 꼭 짚고 넘어가야 한다. 에블린은 1925년 뉴욕 브롱크스에서 러시아 출신 유대인 이민 가정의 막내딸로 태어난다. 이때는 그녀가 40여 년 뒤 최초의 전자 워드프로세서 '데이터 비서Data Secretary'를 개발해 비서들의 업무를 덜고, 미래의 노동시장에 확실한 발자취를 남기게 되리라고는 상상하지 못했을 터다.

수학과 물리학에 관심이 많았던 에블린은 어쩔 수 없이 경제학을 택한다. 그러나 뉴욕대 폴리테크닉대학에서 무료 강의를 듣는 기회를 놓치지 않고, 1945년 물리학 학위를 취득하기에 이른다. 이후 미국원자력위원회 장학금을 받으며 학업을 마친 그녀는 여러 회사에서 일하며 다양한 유형의 컴퓨터 시스템을 개발하는 데 흥미를 가진다. 그중 미합중국 군에서 사용하는 거리 측정 시스템, 그리고 1962년부터 유나이티드항공에 공급한 항공 예약 시스템이 특기할 만하다. 이 초고성능 프로그

램은 1초에 60개에 가까운 도시와 연결하는 기능을 갖췄다. 이런 성공에 힘입어 에블린은 1968년부터 대형 프로젝트인 '데이터 비서' 개발에 전념한다. 레닥트론Redactron이라는 회사도 이때 설립한다.

현재와 같은 노트북과 태블릿의 시대에 이 혁신적인 전자 워드프로세서가 과연 어떤 장치에 탑재돼 기능했는지 상상하는 일은 쉽지 않다. 장치는 크기가 소형 냉장고만 했는데, 모니터 없이 키보드만 달려 있으며, 열세 개 반도체 칩이 내장된 유명한 IBM 타자기와 프린터가 장착돼 있었다. 이 시스템은 문서 작성은 물론, 내장 회로를 통해 하루에 300자 이상을 자동 인쇄할 수 있도록 고안되었다. 수천 개 회사로부터 열렬한 호응을 얻는데, 후에 IT 업계는 이를 보다 작은 크기로 만들게 된다.

> 노트북과 태블릿의 시대에
> 이 혁신적인 전자 워드프로세서가
> 과연 어떤 장치에
> 탑재돼 기능했는지
> 상상하는 일은 쉽지 않다.

에벌린은 1970년대 후반 『비즈니스 위크』지誌가 선정한 '영향력 있는 미국 여성 100인'에 선정되는데, 그중 유일한 IT 관련 기업 운영자였다. 그녀는 은퇴 전 자신의 성姓, 부모님의 이름 샘Sam과 로즈Rose를 따서 장학기금을 만든다. 이 장학금은 과학, 수학, 공학을 공부하는 여학생들에게 지급된다. 험담하기 좋아하는 사람들은 그녀가 발명한 기계에 밀려 일자리를 잃은 사람들을 구제하는 데 해당 기금을 써야 하지 않느냐고 시비를 건다. 그녀는 한 인터뷰에서 비난하는 사람들을 향해 말했다. "그런 생각을 해본 적 없다고 말씀드리는 게 편하지 않네요." 하긴 여자들도 완벽하지는 않으니!

Mary Anderson
Charlotte Bridgwood

여자들이
자동차에 대해
말하고 싶을 때

메리 앤더슨(1866–1953, 미국) 와이퍼 시스템 발명(1903)
샬롯 브릿지우드(1861–1929, 미국) 와이퍼 시스템을 자동화함(1917)

어떤 분야에서건 우리는 여성을 찾을 수 있다. 자동차 산업도 예외는 아니다. 운전 그 자체에 열정을 쏟은 사례—프랑스의 카미유 뒤 가스트나 안 드 로슈슈아르 드 모르트마트, 일명 위제스 공작부인(45쪽 참조)—가 있는가 하면, 자동차 기술 분야에서 활약하기도 한다. 여기 메리 앤더슨과 샬롯 브릿지우드가 그렇다. 두 사람은 교통안전과 관련된 문제를 해결하고자 자동차 분야에 뛰어들었다. 그리고 답을 찾았다.

메리 앤더슨은 세계 최초로 와이퍼 시스템을 고안했다. 뉴욕의 트램웨이 기사들이 비나 눈이 내리는 날이면 시야를 방해하는 차창 앞면을 닦기 위해 매번 차에서 내려야 하는 상황을 보고 착안하게 된 것. 나무로 만든 이 장치는 차량 내부의 레버와 연결된 구조였는데, 이 레버로 앞창 바깥쪽에 장착된 고무날을 단 스프링암spring arm을 제어하는 방식이었다. 스프링암을 앞창으로 가져가기 위해 레버를 작동하기만 하면 되었다. 그러면 평형추가 고무날과 차창 간 연결을 일정하게 유지시킨

다. 물론 시중에는 이와 유사한 장치들이 이미 나와 있었지만 메리의 장치는 매우 효율적인 것이었다. 그녀는 1903년 발명에 대한 특허를 신청했고 특허권은 17년간 유지된다. 샬롯 브릿지우드는 1917년에 와이퍼를 자동화하고 고무날을 보다 효율적인 롤러 형태로 교체할 수 있는 기술을 개발한다.

두 사람은 노력의 산물인 발명품을 자동차 제조사에 판매하고자 했으나 안타깝게도 거절당한다. 자동차 산업이 아직 초기 단계를 벗어나지 않았던 탓으로 보인다. 곧 지나갈 유행 상품으로 보는 시각마저 있었다. 1922년이 되어서야 제너럴 모터스가 자사의 모든 캐딜락 모델에 와이퍼를 기본 장치로 채택하는데, 아쉽게도 메리의 발명 특허는 2년 전 기한이 만료된 상태였다.

두 사람은 노력의 산물인 발명품을 자동차 제조사에 판매하고자 했으나 안타깝게도 거절당한다. 자동차 산업이 아직 초기 단계를 벗어나지 않았던 탓으로 보인다.

Élisa Deroche

무한의
공간에서
자유를 낚다

엘리자 드로슈 '라로슈 남작부인'(1882–1919, 프랑스)
파일럿 면허를 딴 최초의 여성(1910)

여성에게 아직 투표권이 없던 시절이었지만, 비행할 수 있는 권리를 가진 여성들이 일부 있었다. 엘리자 드로슈가 그런 여성으로, 당시 불과 스물다섯 살이었다. 파리 대중에게는 레이몽드 드 라로슈^{Raymonde} de Laroche라는 가명으로 알려진 배우이기도 했다. 3월 8일이 세계 여성의 날(48쪽 참조)이 되리라는 것을 그녀는 알지 못했겠지만, 공교롭게도 1910년 3월 8일 파일럿 면허를 따면서 비행을 할 수 있게 된 세계 최초의 여성이 되었다. 프랑스항공클럽이 발급한 서른여섯 번째 면허다. 피혁공 아버지가 어떤 생각으로 자녀 교육을 했는지는 모르지만, 딸 엘리자가 파일럿 면허를 가진 첫 번째 여성이 되자 그를 헐뜯던 사람들은 모두 입을 다물었다. 그녀가 큰일을 해낸 것이다.

1910년 1월 여성 최초로 파리 상공을 비행하는 데 성공한 엘리자는, 여세를 몰아 항공 기술자 루이 블레리오를 동반하고 상트페테르부르크로 향한다. 그리고 러시아 귀족, 특히 차르 니콜라이 2세의 마음을 사로

잡는다. 니콜라이 2세는 그녀의 위업을 치하하며 남작부인 작위를 내린다. 이제 파일럿 면허를 소지한 남작부인인 엘리자는 1910년 6월 19일 21킬로미터 비행에 성공하며 여성 비행 신기록을 세운다.

비행기 사고에서 간신히 목숨을 건지고, 자동차 연쇄 추돌로 죽을 고비를 넘기는 등 저돌적인 여인 그 자체였던 엘리자. 그러나 아름다운 이야기도 때로는 나쁜 결말을 맺는다. 비행 고도와 거리 기록을 수차례 갈아 치우던

항공 기술자 루이 블레리오를 동반하고 상트페테르부르크로 향한 엘리자는 특히 차르 니콜라이 2세의 마음을 사로잡는다.

그녀는, 안타깝게도 1919년 7월 18일, 페미나컵 우승을 위한 훈련 도중 타고 있던 비행기가 크로투아 해변(프랑스 북부 피카르디 지방에 위치한 해변-옮긴이)에 추락하면서 세상을 떠나고 만다. 아이러니하게도 그녀가 조종간을 잡은 비행기가 아니었다. 엘리자의 생가인 파리 4구 베르리가 61번지에는 위대한 최초의 여성 파일럿을 기리는 명패가 달려 있다.

호기심은
나의 힘

마리아 비즐리(1847–1904, 미국) 공식적인 최초의 여성 발명가(1878)

발명 특허 열다섯 개를 보유한, 명실상부한 발명가 마리아 비즐리(결혼 전 성은 케니Kenny). 그녀는 제분업자 아버지가 운용하는 제분기의 기능 개선에 대한 고민을 하다가 발명가가 되었다고 한다.

호기심 가득했던 어린 마리아는 수학, 그림, 농기계 등 다양한 분야에 관심을 가진다. 사물의 작동 원리에 특히 흥미를 느꼈고, 심지어 바느질에도 깊은 관심을 보였다. 무엇보다도 자신과 주위 사람들이 사용하는 물건이나 기계의 기능과 공정을 개선하는 방법을 찾아내는 일을 매우 좋아했으니, 이를 발명가가 아닌 다른 말로 부를 수 있을까.

1876년 필라델피아 세계박람회를 관람하러 간 마리아는 그곳에서 많은 아이디어를 얻는다. 어쨌든 시카고 박람회에 참가 등록을 하고 참가자 자격으로 특허를 받게 되는데, 첫 특허 출원품은 배럴barrel에 금속 테를 씌우는 기계에 관한 것이었다. 배럴 생산 속도를 높이는 데 도움을 주는 발명품이었다. 1878년 서른한 살의 마리아가 고안한 이 기계는 상

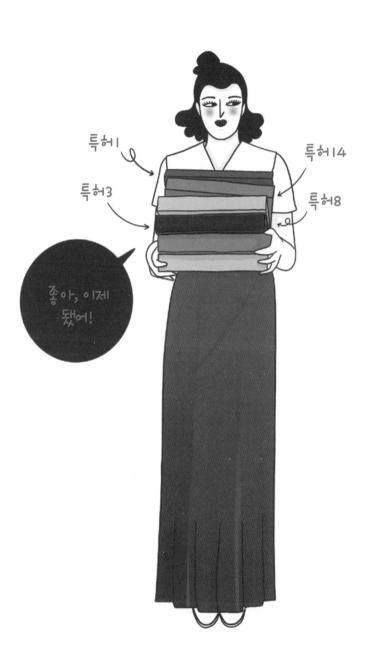

당한 생산량 증대를 가져다주는데, 1884년 뉴올리언스 세계산업박람회에 선보였을 때는 하루 1천500개의 배럴 제조가 가능한 수준이었다. 이 제품으로 그녀는 제법 큰돈을 벌었는데, 『이브닝스타』는 '작은 자산가'로 그녀를 소개할 정도였다.

발명은 계속된다. 마리아의 리스트에는 보다 작은 배럴에 금속 테를 씌우는 기계를 포함해 구둣주걱, 열차 탈선 방지 장치, 그리고 1882년에 특허를 내고 1884년 박람회에 출품한 대망의 구명보트가 올라 있다. 시간이 흘러 1912년 타이타닉호號 사고 당시 사용된 구명보트가 바로 마리아의 발명품. 준비된 수량은 부족했지만 이 구명보트 덕에 700명 이상의 사람들이 난파에서 목숨을 건졌다. 이런 사실은 영화 「타이타닉」(1997)을 봐야 할 좋은 이유가 된다. 이미 봤다면 다시 봐도 좋을 터. 반항적인 여주인공 로즈가 어머니가 맺어 준 갑부 약혼자에게 던진 기막힌 대사를 다시 한번 보자. "당신의 아내가 되느니 잭(레오나르도 디카프리오가 연기한 인물)의 창녀가 되겠어요." 로즈가 정략결혼을 강요받은 첫 번째 여성도 마지막 여성도 아니지만, 적어도 마리아의 발명품 덕분에 살아남아 이를 피할 수 있었다!

마리아의 발명 리스트에는
보다 작은 배럴에 금속 테를 씌우는
기계를 포함해 구둣주걱,
열차 탈선 방지 장치, 그리고
1882년에 특허 출원한
대망의 구명보트가 올라 있다.

Olympe de Gouges

대담한
첫 걸음

올랭프 드 구주(본명은 마리 구즈Marie Gouze)(1784–1793, 프랑스)
'여성의 권리 선언'을 작성(1791)

문학에 뜻을 품고 파리로 온 올랭프 드 구주는 '인간과 시민의 권리 선언'(1789)을 본떠 1791년에 '여성과 여성 시민의 권리 선언'을 완성, 왕비 마리 앙투아네트에게 헌정한다. 이는 최초이자 오늘날까지도 유일한 여성 권리 선언문이다. 선언문 제1조에는 '여성은 자유로운 존재로 태어났으며 남성과 동등한 권리를 지닌다'고 쓰여 있다. 여성의 해방과 사회적·정치적 지위 획득을 위해 싸우던 올랭프는 그때부터 논쟁의 중심에 서게 된다. 소수자를 변호하고, 신체와 삶에 대한 여성의 자기 결정권을 주장하고, 흑인의 입장을 대변하는 인물로 이름을 알린다.

가부장제와 남성 우월주의가 팽배하던 혁명 이전의 사회와 격렬하게 맞서 온 올랭프. 그녀는 1789년 프랑스 대혁명 이후에도 변한 게 없는 성차별적인 사회에 항의하며 이렇게 썼다. "혁명 이전 여성은 무시당하는 존재였어도 존중은 받았다면, 혁명 이후에는 존중할 만하나 무시당하는 존재가 되어 버렸다."

여성의 권리 선언 제10조는 말한다. "여성에게 단두대에 오를 권리가 있다면 연단에 오를 권리 또한 있어야 한다." 슬프게도 올랭프는 1793년 파리 콩코르드 광장 단두대에 오르는 운명을 맞는다. 대담하게도 이 글을 통해 로베스피에르를 조롱했으며 산악파 의원들의 폭력 행위를 비판했기 때문이다. 그녀 나이 마흔다섯이었다.

오늘날 많은 공공건물, 홀, 거리에 그녀의 이름이 붙어 있는데, 국가 건축물 이름에 사용된 몇 안 되는 여성 중 한 명임은 분명하다. 2016년 사용되기 시작한 파리 19구에 있는 법무부 새 건물이 그녀의 이름으로 불린다. 당시 법무부 장관이던 크리스티안 토비라가 애쓴 결과다.

올랭프는 국회의사당에 전시된 예술작품으로 표현된 최초의 여성이기도 하다. 사실 안 이달고 파리

> 여성의 권리 선언 제10조는 말한다. "여성에게 단두대에 오를 권리가 있다면 연단에 오를 권리 또한 있어야 한다."

시장과 프랑스 여성 단체 '오제 르 페미니즘Osez le féminisme'은 그녀의 흉상을 팡테옹에 안치하려고 애썼으나 받아들여지지 않았다. 차선으로 국회의사당으로 간 것. 2016년 이래 이 선구적 페미니스트의 흉상은 프랑스 하원이 있는 부르봉 궁전 안에 당당히 자리하고 있다.

마침내 프랑스 공화국 높은 곳에서 존중과 평등을 향한 진정한 바람이 불어오려는 것인가. 그러나 안타깝게도 상황은 전혀 그렇지 못하다! 몇 년 전 국회 여성 보좌관들이 개설한 한 블로그에 따르면, 일부 남성 의원은 동료 여성 의원들에게 성차별적인 것은 말할 것도 없으며, 몰지각하고 노골적인 어휘를 여전히 사용하고 있다고.

두 차례
획득한
영예

마리 퀴리(1867–1934, 폴란드/프랑스) 최초의 여성 노벨상 수상자(1903),
여성으로는 최초로 노벨상 2회 수상(1911)

이미 충분한 경의가 표해졌다는 이유로 '최초의 여성'을 이야기하는 가운데 마리아 살로메아 스클로도프스카 퀴리_{Maria Salomea Sklodowska Curie}를 빼놓을 수는 없을 것이다.

스물넷 마리는 자신이 살던 바르샤바의 옛 동네를 떠나 수학을 공부하러 파리로 온다. 수학과 물리학을 가르친 아버지, 교사 어머니를 두었다 할지라도, 여성이 과학에 입문하기란 당시로서는 쉽지 않았다. 형편이 받쳐 주지 않으면 더더욱 그랬다. 하지만 마리에게 이런 것들은 문제가 되지 않았다. 파리에서 당대 최고의 수학자들 밑에서 공부하던 그녀는 물질의 자성磁性에 대한 보다 깊이 있는 공부가 필요했다. 그리고 그 분야 최고 전문가 중 한 사람을 찾아간다. 바로 피에르 퀴리다.

1897년, 물리학자 앙리 베크렐이 증거를 포착한 어떤 현상에 대한 방대한 연구가 시작되었다. 마리는 이 현상을 방사능이라 명명하고 박사 논문 주제로 삼는다. 이듬해 그녀는 지도 교수이자 남편이 된 피에르 퀴

리와 함께, 두 개의 새로운 방사성 원소인 라듐과 폴로늄(조국 폴란드의 이름을 땄다)을 추출하는 데 성공했다고 발표한다. 이 발견으로 두 사람은 1903년 베크렐과 공동으로 노벨 물리학상을 수상하게 된다. 마리는 최초의 여성 수상자였다.

연구에 대한 열정은 꺼지지 않는다. 마차 사고로 남편을 잃은 뒤에도 그녀는 라듐 연구를 놓지 않았다. 이는 1911년 노벨 화학상 수상으로 이어진다. 이렇게 마리 퀴리는 두 차례 '최초의 여성'이 된다. 유례 없는 일이다. 노벨상 2회 수상자 명단에서 우리는 세 명의 남성을 볼 수 있지만, 이 권위 있는 상을 두 번 받은 여성은 현재까지도 그녀가 유일하기 때문이다.

여성이 과학에 입문하기란 당시로서는 쉽지 않았다. 형편이 받쳐 주지 않으면 더더욱 그랬다.

목표가
수단을
정당화할 때

에멀린 팽크허스트(1858–1928, 영국) 여성 참정권을 위해 싸운 최초의 여성

오늘날의 관점에서 에멀린 팽크허스트는 급진적인 활동가로 비칠 수도 있다. 그녀가 성 평등과 여성의 투표권 쟁취를 위해 과격한 방식을 택한 것은 사실이다. 그녀는 본인이 계획한 시위에서 상점 유리창을 부수고, 불을 지르고, 가로등 주위를 둘러싸거나 화약으로 폭발을 일으키는 등 주저 없이 폭력을 동원했다.

1909년 여성 5만 명이 결집한 시위가 있고 나서 에멀린을 포함한 100여 명이 수감되는데, 이들은 곧 단식투쟁에 들어간다. 영국 정부는 목구멍에 관을 꽂아 그들에게 음식물을 강제 투입하는 식으로 대응하지만, 석방된 에멀린이 또 다른 시위를 조직하는 것을 막지는 못한다. 1910년 국회의사당 앞에서 벌인 시위에서, 당시 내무부 장관 윈스턴 처칠의 명령을 받은 경찰은 매우 폭력적인 방법으로 시위대를 진압한다. 지금 같으면 비난을 면하기 힘든 수준이었다.

그럼에도 불구하고 에멀린의 투쟁심은 꺾이지 않는다. 이 투쟁심의

역사는 오래된 것이기 때문이다. 그녀의 부모, 굴든 부부는 정치 운동가였다. 그녀는 열네 살에 이미 어머니와 함께 여성 투표권을 다루는 군중 집회에 참석했다. 아버지 역시 페미니스트 운동을 지지했다. 그녀가 스물한 살에 결혼한 오랜 기간 알고 지낸 변호사 리처드 팽크허스트도 그러했다. 부부의 다섯 아이 중 딸 셋은 어머니와 같은 길을 갔는데, 특히 장녀 크리스타벨은 경찰에게 침을 뱉어 체포되기도 했다.

에멀린은 마흔에 남편을 잃고 빚까지 떠안는다. 맨체스터의 노동자 거주 지역에서 일을 해야 했는데, 그곳에서 빈곤, 특히 여성들이 맞닥뜨린 빈곤의 실체를 가까이에서 목도한다. 그녀는 여성운동을 멈출 수 없었다. 그리고 노력은 결실을 맺는다. 영국법이 1918년 마침내 30세 이상 여성에게 투표권을 부여한 것

1909년 여성 5만 명이 결집한 시위가 있고 나서 에멀린을 포함한 100여 명이 수감되는데, 이들은 곧 단식투쟁에 들어간다.

이다(왜 30세부터인지는 의문이다). 해당 법은 1928년 7월 여성은 21세 이상부터 투표할 수 있는 것으로 최종 합의에 이른다. 안타깝게도 에멀린은 이 소식에 같이 기뻐할 수 없었다. 발표가 있기 한 달 전 세상을 떠났기 때문이다.

연봉과
능력의
상관관계

레비나 테를린크(1510-1576, 플랑드르)
남성 화가보다 높은 연봉을 받은 최초의 여성 화가

튜더 왕실의 공식 초상화가였던 플랑드르 출신 레비나 테를린크에
대해 알려진 바는 많지 않다. 하지만 레비나가 브뤼헤에서 블란켄베르
허와 결혼하고, 1년 뒤 함께 영국으로 건너가 그곳에서 궁정화가가 되
었다는 사실은 알려져 있다. 헨리 8세가 레비나의 고용주였는데, 그녀
의 전문 분야는 무엇이었을까? 바로 16세기에 나타난 예술 양식인 세밀
초상화다. 사람들 눈에 잘 띄지 않게 옷 속이나 주머니, 지갑 안에 넣고
다니도록 만든 세밀 초상화는 보통 약혼 선물이나 기념품 때로는 주술
품처럼 사용되었다. 레비나 테를린크는 이런 세밀 초상화의 인기에 크
게 기여했다.

레비나는 헨리 8세에 이어 에드워드 6세, 메리 1세, 엘리자베스 1세의
전담 초상화가로 활동한다. 메리 1세와 엘리자베스 1세는 심지어 그녀
에게 궁녀 신분을 부여하기도 했다. 레비나의 주요 작품들은 분실된 것
으로 보인다. 게다가 작품에 서명을 하지 않던 그녀인지라 현재까지 남

아 있거나 그녀의 것으로 추정된다 할지라도 레비나의 작품이라고 확언하기는 어렵다. 하지만 그녀가 그린 게 맞다고 어느 정도 확실시되는 작품으로는 대관식 드레스를 입은 엘리자베스 1세의 눈부신 초상화가 있다.

레비나는 1546년부터 1576년 사망할 때까지 30년 동안 영국 궁정에 고용돼 활동한, 가장 인정받은 세밀화가였다. 실제로 위대한 독일 화가 한스 홀바인보다 더 높은 연봉을 받으며 그의 뒤를 이었다.

양갓집 규수들이 오히려 양털로 실을 잣던 시대에 레비나는 어떻게 그런 독자적인 길을 갈 수 있었을까? 다 그녀의 재능 덕이다. 아버지 시몽 베닝크는 이름난 채색공이자 브뤼헤와 겐트 예술학교 소속의 플랑드르 세밀화가였다. 그녀가 아버지의 기교를 전수받은 게 분명한 듯싶다. 시몽에게는 아들은 없고 딸만 다섯이었는데 그중 레비나가 장녀였기 때문이다.

레비나는 1546년부터 1576년 사망할 때까지 30년 동안 영국 궁정에 고용돼 활동한, 가장 인정받은 세밀화가였다.

Alice Guy

필름 위의
이야기

알리스 기(1873–1968, 프랑스) 최초의 여성 영화감독(1896)

영화계에 알리스 기를 위해 마련된 자리라고는 없었다. 사생아에다 고아에 혼혈아인 알리스는 칠레와 스위스를 거쳐 프랑스에 오기까지 여기저기 옮겨 다니며 다사다난한 유년을 보낸 끝에 프랑스의 여자 기숙학교에 들어간다. 하지만 그녀는 역사상 최초의 여성 영화인이 될 것이었다.

파리에 온 알리스는 환등기(영사기의 조상 격이라 하겠다) 제조업자이자 영화 제작자인 레옹 고몽의 조수가 된다. 어느 날 뤼미에르 형제의 상영회에 갔다 온 그녀는 고몽에게 단편 영화 제작을 제안한다. 그렇게 해서 만들어진 「양배추 요정La Fée aux choux」(1896)을 시작으로 그녀는 1천여 편의 작품을 찍기에 이르는데, 대부분의 영화에서 모든 역할을 대개 직접 연기했다.

1906년 알리스는 베를린에서 고몽사社 촬영기사인 에르베 블라셰를 만나게 된다. 두 사람은 이듬해 결혼해 함께 미국으로 떠나는데, 그곳에서 할리우드가 생겨나기도 전에 영화 제작사 '솔락스 필름 컴퍼니Solax Film Co.'를 설립한 알리스는 괄목할 만한 성과를 거둔다. 그리고 그녀는 바람과 함께 사라진다. 한 편의 치정극으로 변모한 사생활 때문이었다. 여배우와 눈이 맞은 남편과 이혼한 알리스는 남편의 관리 소홀로 경영난에 처한 회사를 매각할 수밖에 없었다. 이후 프랑스로 돌아온 알리스. 하지만 그녀는 모국 프랑스에서 거의 일을 구하지 못한다. 그사이 알리스 기라는 이름은 사람들의 기억 속에서 사라지고 만 것이다.

에이젠슈테인과 히치콕 감독에게 극찬받은 바 있는, 클로즈업 기법과 최초의 고대 사극영화를 고안한 이 영화계 선구자가 오늘날 그 명성을 되찾는 중이다. 파멜라 B. 그린이 연출하고 조디 포스터가 내레이션을 맡은, 공동 제작자에 로버트 레드퍼드 이름이 올라 있는 다큐멘터리 「자연스럽게, 알리스 기 블라셰의 숨겨진 이야기Be natural, L'histoire cachée d'Alice Guy-Blaché」가 2020년 봄 프랑스에 소개되었다.

뤼미에르 형제의 상영회에 갔다 온 그녀는 고몽에게 단편 영화 제작을 제안한다. 그렇게 해서 만들어진 「양배추 요정」(1896)을 시작으로 그녀는 1천여 편의 작품을 찍기에 이른다.

2017년에는 엘렌 마젤라와 첫 여성 영화 웹매거진 'cine-woman.fr'을 창간한 베로니크 르브리가 함께 상賞을 하나 만들었다. 더불어 르브리는 2021년 3월 아르테 출판사와 그룬드 출판사가 공동 출간한, 배우 쥘리 가예가 서문을 쓴 책『여성 감독이 만든 위대한 영화 100편』에서 알리스 기에게 경의를 표했다.

감독 장자크 아노도 알리스 기를 회고한다. 그는 플롱 출판사가 2015년 펴낸 에마뉘엘 곰의 『사상 최초의 여성 시네아스트 알리스 기』를 각색한 TV 시리즈를 준비 중이다.

Stephanie Kwolek

행복한
우연의
산물

스테파니 퀼렉(1923-2014, 미국) 혁신적인 섬유 발명(1965)

폴란드 이민 가정에서 태어난 스테파티 퀼렉은 확실히 아버지로부터 과학에 대한 호기심을 물려받은 듯 보인다. 어린 딸에게 자연의 신비에 대한 자신의 열정을 물려준 아버지는 스테파니가 겨우 열 살 때 세상을 떠난다.

십 대 시절 그녀는 의사가 되고 싶었다. 피츠버그 소재 마가렛 모리슨 카네기 대학에서 화학 학위를 취득한 스테파니는 의대 학비 마련을 목적으로 화학 분야에서 임시직을 얻기로 한다. 같은 해 연구원으로 듀폰사社에 입사, 버팔로에 위치한 파이어니어링 리서치 연구소에 들어간다. 결과적으로 화학에 매료되는데, 연료 소모가 적은 경량 타이어 제작에 필요한 가벼우면서 견고한 소재 개발을 담당하게 된다.

이 소재 개발 과정에서 그녀는 1965년 우연히 분자중합체를 발견한다. 그녀의 표현에 따르면 '행복한 우연'이었다. 듀폰사는 해당 중합체에 '케블라Kevlar'라는 이름을 붙여 상품화한다. 케블라는 혁신적인 제품

이었다. 철보다 5배 높은 강도에 매우 가볍고, 열(섭씨 400도까지 견딘다)과 마모, 흠집에 대해 우수한 내구성을 갖고 있어 방탄조끼와 선박, 파열 방지 타이어 제조에 사용할 수 있었다. 케블라는 대개 다른 소재와

케블라는 항공기 날개, 우주선, 보호 장갑, 벌목꾼이나 소방관 작업복 등과 더불어 스포츠 장비 제조에도 널리 사용된다.

혼합하는 방식으로, 견고한 동시에 가벼운 제품을 만드는 데 필요한 합성 소재의 재료로 쓰인다. 이런 특성 때문에 항공기 날개, 우주선, 보호 장갑, 벌목꾼이나 소방관 작업복 등과 더불어 테니스 라켓, 스키 장비, 오토바이 헬멧, 자전거 부품과 같은 스포츠 장비 제조에도 널리 사용된다. 스테파니 퀼렉 여사에게 존경과 감사를 표하지 않을 수 없다!

　그녀가 의사가 되겠다는 꿈을 이루지 못한 것이 못내 아쉽다. 의사가 된 스테파니가 무엇을 찾아냈을지 그 누가 알겠는가!

Rosa Parks

우리는
이등 시민이
아니다!

로자 파크스(1913-2005, 미국)
미국에서 인종 분리 반대 운동을 공론화(1955)

우리는 자리에 앉은 채로도 자신의 권리를 위해 싸울 수 있다.

1955년 12월 1일 저녁, 앨라배마 주 몽고메리. 버스에 탄 아프리카계 미국인 여성이 백인 승객에게 자리 양보를 거부하는 사건이 발생한다. 45세의 그녀는 그날 저녁 그렇게 피곤한 건 아니었지만, 유색인종 지위 향상을 위해 활동하는 운동가로서 싫다고 말하겠다고 결심한다. 부모의 이혼 후 조부모 손에 자란 로자는 백인우월주의 단체 KKK단의 공격을 막기 위해 밤마다 농장에서 불침번을 서던 할아버지의 모습을 기억했다. 다니던 학교가 백인우월주의자들 손에 두 번이나 불태워졌던 사실 또한 잊지 않고 있었다.

1954년 대법원은 '브라운 대對 토피카 교육청 건'에 대해 판결하면서, 학교 안 인종 분리 정책은 즉각 철폐되어야 하며, 각 주州 정부는 이를 성실하게 이행할 것을 촉구했다. 로자가 버스에서 백인 승객의 자리 양보 요구에 "No!"라고 말할 때가 되었다고 생각한 데는 이런 배경이 있

었던 것이다.

로자 파크스는 1896년에 제정된 인종 분리법에 불복종한 최초의 여성들 중 한 명으로 이후 사회에 큰 반향을 불러온다. '분리 그러나 평등'을 주창한 이 인종차별법은 흑인을 이등 시민으로 만들었다. 흑인은 백인과 같은 학교에 다닐 수도, 같은 대중교통을 이용할 수도 없었다. 아니면 앞자리를 백인 전용 좌석으로 만들어 흑인은 뒷자리에만 앉도록 하거나. 운명의 12월 1일 저녁, 로자는 '잘못 앉았다'는 이유로 경찰에 체포돼 벌금을 물어야 했다. 며칠 후 그녀는 해당 처분에 항소한다. 아직 이름이 알려지기 전인 젊은 흑인 목사 마틴 루터 킹은 항의 시위를 벌이며 몽고메리 버스 보이콧을 촉구한다. 보이콧은 무려 381일이나 지속되었다. 그리고 1956년 11월 13일, 대법원은 버스 안 인종 분리는 위헌이라는 판결을 내린다.

로자의 행동은 흑인 시민의 권리를 위한 아프리카계 미국인의 대규모 운동을 촉발하는 계기가 되었다. 투쟁의 결과, 1964년 모든 종류의 인종차별을 금지하는 민권법이 제정되기에 이른다. 린든 B. 존슨 대통령이 서명한 1965년의 선거권법은 투표권 행사에 있어 이 같은 차별을 금지하는 법으로, 오늘날까지도 미국 역사상 가장 실효성 있는 시민법으로 여겨진다.

로자가 '시민권 운동의 어머니'라 불려야 마땅하다면, 어린 클로데

> 로자의 행동은 흑인 시민의 권리를 위한 아프리카계 미국인의 대규모 운동을 촉발하는 계기가 되었다. 투쟁의 결과, 1964년 모든 종류의 인종차별을 금지하는 민권법이 제정되기에 이른다.

트 콜빈은 상징적인 의미에서 그녀의 딸이라 하겠다. 클로데트는 로자보다 앞선 1955년 3월 2일 흑인 학생에게 허락된 보도를 이용해 버스에 올랐다. 그리고 유색인이 앉을 수 있는 뒷자리에 앉았다. 승객으로꽉 차 자신이 앉을 좌석이 없자 한 백인 여성이 그녀에게 자리를 양보해 달라고 하지만 그녀는 거절한다. 경찰은 로자의 경우처럼 클로데트를 난폭하게 다루었고, 그녀는 저항했다. 이 일은 당시 큰 화제가 되었는데, 클로데트는 고작 열다섯 살 소녀였다.

시민의 권리를 위해 싸운 아이다 B. 웰스는 인종차별에 저항한 최초의 여성들 가운데서도 첫 번째이다. 버스 안 로자가 "No!"라고 말하기 71년 전인 1884년, 아이다는 테네시 주 멤피스에서 내슈빌로 가는 열차의 금연 객차에서 나가기를 거부한다. 1887년 대법원판결에서 승소하기 전에는 그녀를 쫓아낸 남자들이 오히려 그녀가 제기한 소송에서 이긴다.

Anita Conti

바다의
부름을
받다

아니타 콩티(1899-1997, 프랑스)
여성 최초로 해양 사진 촬영(1917), 최초의 여성 해양학자(1935)

여행이 한 사람의 유년기를 만든다고 했던가. 아니타 콩티의 유년기도 그러했다. 수천 권의 장서가 꽂힌 할아버지의 책장에서 탐독하는 책을 통한 여행이거나, 지브롤터, 아테네, 이스탄불을 향한 항해이거나.

아니타는 1911년 오스만 제국의 경이로움을 두 눈으로 보게 된다. 삼촌 사르키스가 오스만 제국 수상의 참모인 덕이었다. 1914년 전쟁이 시작될 무렵, 산부인과 의사인 아버지는 가족을 데리고 브르타뉴 남쪽에 있는 올레롱 섬으로 피신하는데, 바다와 어선들이 있는 그곳은 아니타의 놀이터가 되었다. 파리로 돌아온 뒤에도 바다는 그녀 곁에 있었다. 아니타는 바다를 이야기하는 존재하는 거의 모든 책을 읽었지만, 미술책 제본 일을 하게 된다. 직업 선택이란 중요한 법이다.

일에 뛰어난 재능을 보인 아니타를 피에르 마크 올란과 블레즈 상드라르가 주목한다. 행복한 우연이었다. 마크 올란은 항구에 사는 선원이자 안개로 덮인 작은 선술집의 시인이요, 상드라르는 바다에 존재하는 신비로운 행복을 추구하는 여행가였으니, 그녀에게 있어 바다의 유혹은 저항할 수 없는 것인 셈. 두 차례 제본 작업을 하는 동안 아니타는 프랑스 대서양 연안으로 향했고, 1917년부터 사진 촬영을 시작한다. 사진과 바다라는 두 가지 열정에 사로잡힌 것이다.

아니타의 삶은 파도의 움직임, 저속 촬영 과정과 닮아 있었다. 빈Wien 주재 외교관 마르셀 콩티와 결혼식을 치르기 무섭게 해양자원위원회에 들어가 덩케르크의 청어잡이 배와 아이슬란드행行 대구잡이 배에 올라탄다. 독학 모험가로서 그녀는 자신에게 쉴 틈도 주지 않고 짬을 내 글을 쓰기까지 한다. 굴 양식장의 열악한 실태를 다룬 1934년의 기사는 관할 해양 당국[1]의 관심을 끌었다. 이듬해 프랑스 최초의 외항선은 아니타를 싣고 떠난다.

유럽이 전쟁에 돌입하자 아니타는 프랑스 해군에 입대한다. 바이킹 이래 여성으로는 최초다! 그녀를 태운 트롤선은 100일 동안 북극권 스피츠베르겐섬과 뉴펀들랜드를 오간다. 아니타는 승조원 50명 가운데 유일한 여성이었다. 외항선은 이후 서아프리카로 향한다. 알제리 정부의 요청으로 그녀는 모리타니, 세네갈, 기니, 코트디부아르 해안을 두루 돌아다니며 해당 지역 주민들의 먹거리 개선을 위해 어업 방식과 어류 자원, 어류의 영양학적 가치를 연구[2]한다. 프랑스로 돌아온 1952년에는 새로운 항해가 그녀를 기다리고 있었다. 뉴펀들랜드의 한 낚시 캠페인을 통해 그녀는 해저와 해양생물 종種, 해수 염도 및 온도를 관찰할 기

---

1 해양수산과학기술원
2 이때의 경험과 연구는 1957년 앙드레본느 출판사에서 출판한 『따뜻한 바다의 거인들』에 기술되었다.

회를 얻는다. 당시에는 없던 물고기 서식지 지도를 만드는 것이 그녀의 목표였다. 아니타는 이를 계기로 '해양 스크래퍼Racleurs d'océans'[3]의 작업 환경에 대해 언급하기도 한다. 생태학적 전조가 감지되는 부분이다.

사진 촬영을 즐겼던 아니타는 대략 5만 장의 사진을 남겼다. 사진 속에서 우리는 바다 관련 직업에 따라오는 고된 노동의 현실을 보는 동시에 자유에 대학 자각, 물보라가 불러들인 시적인 정취마저 느끼게 된다.[4] 그런 한편 그녀가 1950년대부터 경고해 온, 해양자원 과잉 개발과 해양 온난화 문제가 차츰 수면 위로 떠오르는 것도 알고 있다.

1997년 이 지칠 줄 모르는 '바다의 여인'과 이자벨 오티시에가 우연히 만난 일이 있었다. 원양항해선 선장 이자벨은 말한다. "모험가들이야 많이 봤지요. 진짜배기, 흉내쟁이, 요란하기만 한 부류, 아니면 지극히 방송용……. 언젠가 우연히 아니타를 만났는데, 바람 같은 가벼움을 지닌 분이었어요. 어안이 벙벙했죠. 묵묵히, 웃으면서 모든 문제를 스스로 해결하는 데다 겸손하기까지 하더군요. 그분의 자세는 우리가 하는 모험에 대해 초연한 관점을 갖게 해요. 진심으로 존경을 표합니다." 더 무슨 말이 필요할까?

---

3 1954년 앙드레본느 출판사 출간
4 르비느와르 출판사가 펴낸 아니타 콩티의 책 『바다의 여인』(1998)에서 160장의 흑백사진을 볼 수 있다.

Madam C.J. Walker

모두의
아메리칸
드림

마담 C.J. 워커(본명은 사라 브리드러브Sarah Breedlove)(1867–1919, 미국)
미국 최초의 흑인 여성 사업가이자 백만장자(1905)

어린 사라 브리드러브의 믿기지 않는 운명이라니! 그녀의 삶은 현재까지도 진행 중인 아메리칸 드림이 아닐 수 없다. 사라는 당시 루이지애나에 살던 흑인 대부분, 그녀의 가족처럼 매디슨에 있는 로버트 W. 버니의 목화 농장에서 일할 운명이 아니었다.

1863년 그리고 1865년에 공포된 흑인 해방과 노예제 폐지 덕분에, 그녀는 가족 중 최초로 자유 신분으로 태어난다. 하지만 이런 자유는 어린 사라에게 혹독함을 안긴다. 겨우 일곱 살이던 해 부모를 황열병으로 잃고 고아가 된 사라는 생루이에서 하녀로 일하다가, 덴버로 건너가 세탁부가 된다. 그곳에서 화학제품이 극심한 피부 손상의 원인이 된다는 사실을 알게 된 그녀는 곧 기발한 아이디어를 떠올린다. 기실 이는 기발함 이상이었다. 그녀의 인생에 있어 전환점이 될 만한 일이었다. 이 착안 덕분에 사라 브리드러브는 백만장자가 되는데, 백만장자가 된 최초의 아프리카계 미국인 여성이었다.

아이디어의 정체는 자신의 화장품과 헤어 제품 라인을 만드는 것. 1905년에 회사를 세운 그녀는 이듬해 결혼한 기자인 남편의 성을 따 '마담 C.J. 워커'라고 이름 붙인다. 여느 사업과 다를 바 없는 출발이었다. 그녀는 밑바닥에서부터 시작한다. 제품을 팔기 위해 집집마다 방문하는 식이었다. 그러다 통신 판매 서비스를 도입한다. 뒤이어 제품을 잘 활용하는 방법과 더불어 헤어 케어 전문가가 될 수 있는 강의까지 제공하기에 이른다. 대상은 아프리카계 미국인 여성이었다.

제품을 잘 활용하는 방법과 더불어 헤어 케어 전문가가 될 수 있는 강의까지 제공하기에 이른다. 대상은 아프리카계 미국인 여성이었다.

시장의 반응은 빨랐다. 사라의 'Madam C.J. Walker's Wonderful Hair Grower'는 큰 성공을 거두며, 피츠버그, 인디애나폴리스, 뉴욕 할렘에 연달아 매장을 열고 공장을 세운다. 수천 명의 여성이 그 시대 가장 주목받는 스타트업 기업에서 일하게 된 것이다. 동시에 사라는 여성들이 사업 운영에 익숙해지고, 여성해방에 필수적인 경제적 역량을 키울 수 있도록 격려한다.

미국은 1933년 뉴욕 주 세네카 폴스에 위치한 국립 여성 명예의 전당에 사라의 이름을 올린다. 이곳은 1848년 여성의 권리에 관한 최초의 협약이 이루어진 장소다. 흑과 백, 유색인의 아메리칸 드림 아니겠는가!

이중나선의
여인

로잘린드 프랭클린(1920-1958, 영국)
DNA의 존재를 밝혀낸 최초의 여성 과학자(1953)

로잘린드 프랭클린은 운 좋게도 여학생에게 물리와 화학을 가르치는 런던에서 몇 안 되는 학교에 입학할 수 있었다. 다행스럽기도 하다. 총명한 어린 로잘린드는 훗날 분자생물학과 X선 결정학을 연구하는 학자가 되어 석탄과 바이러스에 관한 연구로 유명해진다. 무엇보다 1953년 DNA를 촬영한 최초의 여성이 된다.

1945년 석탄의 다공성에 관한 연구에 전념하던 로잘린드는 파리에서 X선 결정학을 배운다. 1951년 런던으로 돌아온 그녀는 킹스 칼리지 생물물리학부에서 DNA를 연구한다. 모리스 윌킨스, 레이먼드 고슬링과 더불어 DNA 분자가 지닌 두 가지 형태를 발견하는데, 마침내 그 이중나선 구조를 보여 주는 멋진 사진을 찍게 된다.

생리학자 제임스 D. 왓슨과 프랜시스 크릭 또한 DNA를 연구 중이었는데, 둘은 1953년 4월 로잘린드와 같은 시기에 저명한 학술지 『네이처』에 해당 주제의 논문을 게재한다. 왓슨과 크릭이 끝내 명확하게 밝

히지 않은 부분은, 바로 로잘린드 프랭클린에게 빚을 졌다는 사실이다. 이들이 DNA 구조를 발견할 수 있었던 데는 그녀가 촬영한 사진의 공이 크기 때문이다. 하지만 동료와의 불화를 이유로 로잘린드는 그 한 달 전 킹스 칼리지를 떠난 참이었다. 왓슨과 크릭은 DNA 구조를 발견한 성과로 1962년 노벨 의학상을 수상하지만, 이때도 로잘린드에 대한 언급은 없었다. 심지어 킹스 칼리지의 다른 동료들조차 언급하지 않는다.

그녀는 모리스 윌킨스, 레이먼드 고슬링과 더불어 DNA 분자가 지닌 두 가지 형태를 발견하는데, 마침내 그 이중나선 구조를 보여주는 멋진 사진을 찍게 된다.

상황이 어찌 되었건 로잘린드는 이 상을 받을 수 없었을 터다. 그녀는 1958년 서른여덟에 암으로 사망했기 때문이다. 연구 과정에서 노출된 방사선과 연관이 있지 않겠나 싶다. 안타깝지만 노벨상은 사후에는 수여되지 않는다.

Marguerite Durand

여성의,
여성에 의한,
여성을 위한

마르그리트 뒤랑(1864-1936, 프랑스)
여성들만으로 운영된 페미니스트 신문 창간(1897)

경력의 시작은 연극배우였다. 마르그리트 뒤랑은 7년간 파리의 코메디 프랑세즈에서 순진한 처녀 역을 맡아 오다 결혼과 함께 연극판을 떠난다. 남편은 불랑제 장군을 지지하는 하원의원이자 『라 프레스La Presse』지紙 편집장이었는데, 그녀의 기자 경력도 『라 프레스』에서 시작된다.

그러나 얼마 지나지 않아 견해차로 남편과 헤어진 마르그리트는 『르 피가로Le Figaro』로 자리를 옮긴다. 1896년, 반反페미니즘 기사를 쓰라는 지시를 받고 파리에서 열린 여성운동 국제회의 취재를 가게 된 마르그리트. 회의장에서 페미니스트 일동의 진보적 사고에 큰 충격을 받은 그녀는 그들의 생각에 동조하게 되고, 끝내 기사 작성을 거부한다. 그때부터 그녀는 단 하나의 목표를 갖게 된다. 바로 여성의 권리를 수호하는 데 헌신하는 것. 이것이 1897년 세계 최초의 페미니스트 신문 『라 프롱드La Fronde』가 탄생한 배경이다.

기실 여성이 만든 최초의 신문은 카롤린 레미라는 이름으로 활동하던 세브린(1855-1929)이 소설가 쥘 발레스와 함께 창간한 『민중의 외침 Le Cri du peuple』이지만, 이는 얼마 못 가 폐간되었다. 반면 『라 프롱드』는 더 오랜 기간 발행되었고, 무엇보다 신문 1면에 쓰인 대로 '여성이 지휘하고, 여성이 관리하며, 여성으로만 구성된' 신문사였다. 오늘날까지 훑어봐도 이는 유일무이한 사례다.(296쪽 참조)

창간호 발행은 1897년 12월 9일이었다. 신문은 정치, 경제, 예술 등 모든 주제를 다뤘는데 취재가 순탄하지는 않았다. 당시 국회와 증권거래소에는 여성의 출입이 허락되지 않았기 때문이다. 헐뜯기 좋아하는 사람들이 '치마 두른 『르 탕 Le Temps』'이라 부르던 이 급진주의 신문은 1903년까지 일간지 형태를 유지하다가 이후 1905년까지는 월간지로 발행된다. 1914년 『라 프롱드』는 일부 호를 재발행하면서 여성 참정권을 주창하기도 하지만, 재정 부족으로 재창간 시도는 실패하고 만다.

마르그리트 뒤랑은 1931년 여성의 역사에 대한 자신의 문서 자료를 파리 시에 헌납한다. 또 프랑스 페미니스트 기록물 보관소를 설립, 1936년 사망할 때까지 자발적으로 운영을 맡는다. 현재 해당 자료는 그녀의 이름을 딴 파리 13구 소재 도서관이 소장 중이다.

Selma Lagerlof

이야기에
둘러싸여

셀마 라겔뢰프(1858–1940, 스웨덴) 여성 최초로 노벨 문학상 수상(1909)

다이너마이트 발명가의 뜻에 따라 1901년 노벨상이 만들어지고 얼마 지나지 않아 문학 부문에서 여성 수상자가 나온다. 1909년에는 꽤나 예상하기 힘든, 심지어 혁명적이기까지 한 일이었다.

학구적인 환경에서 성장한 셀마 라겔뢰프는 스톡홀름 왕립교육원 진학에 아낌없는 지원을 받는 동시에, 나고 자란 모르바카 저택에서 함께 지내던 여성들—어머니, 가정교사, 가정부—에게서 전해들은 것들로 상상력을 키워 나간다. 상상력은 쓸모가 있었다. 교직에 몸담았던 10년간 학생들에게 북극권 설화와 전설을 들려주기에 충분했던 것이다. 그녀는 낭만적이고 순수하면서도 환상적인 영웅담 『예스타 베를링의 전설』 일부 장章을 이 시기에 쓰고 1891년에 책으로 낸다. 언젠가 그녀가 고백한 대로 '어린 시절 그녀의 머릿속은 유령과 원시적인 사랑, 빼어나게 아름다운 귀부인들과 모험심 가득한 기사들로 넘쳐 났다'.

이런 무한한 상상력은 그녀를 다수의 소설 집필로 이끌었고, 그중에

는 그녀의 가장 유명한 작품이라는
데 이견이 없을 『닐스의 신기한 여
행』도 있다. 집거위와 짝패를 짓고
기러기 떼를 뒤쫓는 장난꾸러기 꼬
마 주인공은 그녀가 스웨덴 설화와
전설에서 영감을 얻은 결과물이다.

언젠가 그녀가 고백한 대로
'어린 시절 그녀의 머릿속은
유령과 원시적인 사랑, 빼어나게
아름다운 귀부인들과 모험심
가득한 기사들로 넘쳐 났다'.

　노벨상 상금을 받은 뒤 셀마는 집
필에 전념하고자 교단을 떠난다. 상 덕분에 그녀는 알코올중독자 아버
지가 파산 후 팔 수밖에 없었던, 그녀 스스로 언젠가 되찾으리라 다짐
한 가족 소유지를 되살 수 있었다. 셀마 라겔뢰프는 여성으로는 최초로
노벨 문학상을 받았을 뿐만 아니라, 1914년 스웨덴 한림원 회원으로 선
출된 최초의 여성이기도 하다.

Alexandra Kollontai

여성운동가에서
여성 대사로

알렉산드라 콜론타이(1872-1952, 러시아) 최초의 여성 외교관(1930)

귀족이자 제정 러시아 장군의 딸로 태어난 알렉산드라 콜론타이. 그
녀에게 현대사 최초의 여성 대사라는 자리는 예정된 것이 아니었다.

취리히 대학으로 유학을 떠난 1896년, 알렉산드라는 그곳에서 당시
성행하던 새로운 사상들과 접한다. 그러다 차츰 마르크시즘에 동조하
기에 이른다. 그녀는 유럽 각지를 여행하며 클라라 제트킨(48쪽 참조),
로자 룩셈부르크, 카를 리프크네히트 등 세계적인 사회주의 인사들과
친분을 맺는다. 1910년 그녀는 독일의 언론인이자 정치인인 클라라 제
트킨을 도와 3월 8일을 세계 여성의 날로 만든다. 얼마 안 가 그녀에게
'치마 입은 조레스'(장 조레스. 프랑스의 정치가이자, 사회주의 운동가다 - 옮
긴이)라는 별명이 붙는데, 확실히 거침없이 욕을 하는 여자는 그녀뿐이
었다.

소련에서 알렉산드라는 여성의 자유를 옹호하고 혼전 동거를 권장하
면서 여성의 새로운 지위 확립에 기여한다. 1920년대 중반 그녀가 발행

한 페미니스트 팸플릿은 시대를 역행하는 몇몇 법에 대한 투표가 치러지던 때에 불미스러운 것으로 간주되었다. 실제 성도덕과 자유연애에 대한 그녀의 이론과 변화무쌍한 연애 생활은 당시 그녀를 방탕하다고 손가락질하던 사람들의 입방아에 자주 오르내렸다.

그럼에도 불구하고 알렉산드라는 1930년부터 스탈린 치하의 소련을 대표해 스웨덴에서 외교 임무를 수행한다. 스칸디나비아 사회를 완벽히 알고 있는 그녀에게는 다국어 실력을 뽐낼 기회이기도 했다. 동료 대부분이 스탈린의 숙청으로 공직을 떠날 때도 살아남은 그녀는 1945년까지 스웨덴에서 대사직을 수행한다. 알렉산드라 콜론타이가 첫 테이프를 끊은 이래, 1950년이 돼서야 아일랜드의 조세핀 맥닐이, 더 시간이 흘러 1972년 프랑스의 마르셀 캉파나가 여성 대사로서 이름을 올린다.

> 소련에서 알렉산드라는 여성의 자유를 옹호하고 혼전 동거를 권장하면서 여성의 새로운 지위 확립에 기여한다.

Regina Jonas

온갖
어려움을
헤치고

레지나 요나스(1902-1944, 독일) 최초의 여성 랍비(1935)

열한 살에 결핵으로 아버지를 잃은 레지나 요나스는 어머니, 남동생과 함께 찢어지게 가난하게 살았다. 이들의 보금자리는 베를린 프렌츨라우어베르크에서 가장 신망이 두터운 리케슈트라세 회당에서 멀지 않은 곳이었는데, 그곳에서 어린 레지나는 종교에 강하게 이끌린다. 행운의 여신이 그녀에게 미소 지었다고 말하는 편이 좋겠다. 랍비 막스 바일이 그녀를 후원하고 학비를 대기로 한 것이다. 그의 지원으로 그녀는 교사가 될 수 있었다.

하지만 레지나가 무엇보다 바란 일은 랍비가 되는 것이었다. 그녀는 곧 유대교 고등과학연구소에서 학업을 이어 나간다. 논문 주제는 '여자는 랍비가 될 수 있는가'였는데, 이는 유대 율법을 따를 때 여성이 랍비가 되는 것이 가능함을 입증한 최초의 시도였다. 그러나 그녀가 들은 거절의 말을 고려할 때 해당 질문에 대한 답은 부정적이라고 봐야겠다. 이런 견해를 놓고 유대 종교 지도자들 모두가 동의할 수 없다는 입장을 보

이는데, 어림도 없다는 식이었다. 서품을 받으려던 시도도 세 차례나 거절당한다. 하지만 마침내 꿈은 이루어진다. 1935년 12월, 오펜바흐를 담당하는 개혁파 랍비 막스 디네만이 제식을 집행해 준 덕분에 서품을 받기에 이른 것이다.

안타깝게도 그녀를 받아들일 준비가 된 교구는 없었다. 이윽고 나치 정권의 박해가 시작되고, 레지나 역시 다른 랍비들과 마찬가지로 일자리를 찾기 위해 피신한다. 마침내 그녀가 강연을 하게 되었을 때, 주

마침내 그녀가 강연을 하게 되었을 때, 주 무대는 유대 사회 여성의 권리 신장을 위해 일하는 국제 시온주의 여성 기구가 된다.

무대는 유대 사회 여성의 권리 신장을 위해 일하는 국제 시온주의 여성 기구가 된다. 그녀가 제식을 집전한 기간은 매우 짧았다. 1942년 11월 게슈타포에 체포돼 테레지엔슈타트 수용소로 가야 했기 때문이다. 수용소 내 모든 독일계 유대인들과 더불어 그녀 또한 강제 노역을 한다. 이후 한 차례 이주 수용되는데, 1944년 10월 아우슈비츠에서 42세의 나이로 생을 마감한다.

Maria Telkes

태양은
가능성이다

마리아 텔케스(1900-1995, 헝가리/미국)
최초로 태양열 난방 주택 시공(1948)

그녀가 전폭적인 애정을 퍼부은 분야는 태양, 정확히 말해 태양에너지다. 마리아 텔케스는 태양의 가능성 탐구에 모든 것을 걸었다고 해도 과언이 아니다. 아니, 태양별이라 불러야 하려나. 우리는 항성에 대해 말하고 있으니까! 아무렴 어떠랴. 마리아 텔케스는 1948년 최초로 태양에너지 난방을 사용하는 집을 개발한다.

화학 박사 학위 취득 후 부다페스트를 떠나 미국으로 건너간 마리아는 1937년 기술 연구원 자격으로 웨스팅하우스에 들어간다. 그리고 그곳에서 열을 전기에너지로 변환하는 장치를 개발한다. 그녀가 태양빛으로 구동되는 열전소자에 관해 연구할 수 있게 된 것은 매사추세츠 공과대학교MIT가 1939년부터 시작한 태양에너지 변환 프로젝트에 합류하고부터다. 2차 세계대전 당시 마리아는 미국 과학연구개발국에 파견된다. 이 기간 동안 자신의 주요 발명품 중 하나를 고안하는데, 증발된 해수를 다시 액화해 식수로 바꾸는 태양열 증류기가 그것이다.

마침내 1948년, 마리아는 미국 건축가 엘리너 레이몬드와 손을 잡고 매사추세츠 주 도버에 세계 최초로 태양에너지로 난방을 가동하는 집을 설계하고 짓는다. 좀 더 시간이 흘러 1980년에는 미국 에너지부를 도와 세계 최초의 태양열발전 주택을 개발한다(매사추세츠 칼라일에 건축). 은퇴할 때까지 태양에너지 응용 프로그램 개발을 이어 간 그녀는

이 기간 동안 자신의 주요 발명품 중 하나를 고안하는데, 증발된 해수를 다시 액화해 식수로 바꾸는 태양열 증류기가 그것이다.

다수의 특허 보유라는 결실로 보상을 받는다. 재생에너지 분야의 귀감이 된 연구를 이끈 마리아 텔케스, 시대를 앞서간 환경학자라 불러야 하리라!

여성에게
스포츠를
허하라

**샬롯 쿠퍼, 마거릿 애보트, 마조리 게스트링, 줄리아나 미누초,
엔리케타 바실리오, 나디아 코마네치, 나왈 엘무타와켈,
마리조제 페레크, 개비 더글라스**
여성에게 올림픽의 문이 열린 1900년 이래 여성 최초 스포츠 부문 기록들

1896년 개최된 제1회 아테네 올림픽에 여성은 참가할 수 없었다. 근대 올림픽 창시자인 쿠베르탱 남작이 여성의 참가를 반대했기 때문이다. 그는 여성 혐오자는 아니었다고 한다. 그가 남긴 글에서 다소간 그런 경향이 읽히기는 하지만 말이다. 아마도 시류를 따른 것이리라. 성평등이니 남녀 동수니 하는 말이 오가던 시대가 아니었으니. 남작이 1901년에 쓴 글을 한번 보자. "여성의 역할은 과거에 그랬듯 늘 같은 지점에 있다. 남성의 동반자이자 미래의 어머니인 것이다. 여성은 모름지기 이 불변의 장래에 맞게끔 양육되어야 한다." 노코멘트 하겠다!

1900년에 여성 또한 올림픽에 참가할 수 있게 되었지만, 일부 종목에 국한된 것이었다. 테니스와 골프, 이렇게 단 두 개 종목에만 출전이 허가된다. 전체 참가 선수 중 남성은 975명에 이른 반면 여성은 22명에 불과했다. 영국의 샬롯 쿠퍼(231쪽 참조)와 미국의 마거릿 애보트는 각각 테니스와 골프에서 금메달을 딴다. 1936년 베를린 올림픽에 출전한 마

조리 게스트링은 3미터 스프링보드 다이빙에서 올림픽 최연소 금메달리스트로 등극한다. 당시 나이 겨우 13세. 체조의 나디아 코마네치는 이보다 딱 한 살 더 많은 나이에 1976년 몬트리올 올림픽 이단평행봉 종목에서 발군의 기량을 발휘, 체조 역사상 최초로 10점 만점의 주인공이된다.

1984년 로스앤젤레스 올림픽. 모로코의 나왈 엘무타와켈은 최초로 정식 종목이 된 여자 400미터 허들에서 우승한다. 프랑스 육상 선수 중 유일하게 세 차례 올림픽 챔피언이 된 마리 조제 페레크, 2012년 런던 올림픽 개인전과 단체전 모두에서 금메달을 목에 건 최초의 흑인 선수 개비 더글라스도 기억해 두자. 이탈리아의 줄리아나 미누초는 1956년 코르티나담페초에서 여성 최초로 1920년에 제정된 올림픽 선

> "여성의 역할은 과거에 그랬듯 늘 같은 지점에 있다. 남성의 동반자이자 미래의 어머니인 것이다. 여성은 모름지기 이 불변의 장래에 맞게끔 양육되어야 한다."

서를 낭독한다. 1968년 멕시코 올림픽 개막식에서 여성 최초로 성화를 점화한 멕시코의 엔리케타 바실리오도 언급해 둔다. 모두가 책으로 엮을 만한 기록이 아닐 수 없다. 현재의 우리는 쿠베르탱이 여성에게 적용한 출전 불가 조치가 실재한 사실이었음을 믿기 힘들 정도다.

Catherine Meurisse

유리천장
따위가
뭐라고

카트린 뫼리스(1980-, 프랑스)
미술 아카데미에 들어간 최초의 여성 만화가(2020)

2020년 1월 15일 카트린 뫼리스는 1816년 루이 18세령으로 창설된 프랑스 학사원 다섯 아카데미 중 마지막으로 만들어진 미술 아카데미의 '회화' 부문 위원으로 선출된다. 최초의 만평가이자 만화가이기도 하다. 이로써 카트린은 일곱 명의 남성 위원으로 구성된 아카데미에 합류한 유일한 여성 위원이 되었다. 하지만 염려할 필요는 없다. 그녀는 남성들만 있는 조직에서 일하는 법을 아는 사람이다. 그녀에게는 이미 2001년부터 2015년 1월 7일 테러 사건이 있기까지 풍자 전문 주간지 『샤를리 에브도Charlie Hebdo』의 유일한 여성 직원으로 일한 경험이 있으므로.

따라서 우리는 명문 에콜 에스티엔과 국립장식미술학교ENSAD를 다닌 이 '최초의 여성'을 믿어도 좋다. 이 권위 있는 프랑스 학사원의 일원으로서, 그녀는 여성의 목소리를 강하게 대변하고자 수많은 언론사 및 출판사—어린이 책 출판사도 포함해—와 협력 중이다. 어쨌거나 카트린은

아카데미에서 처음으로 만화 장르를 부각시킬 인물이 될 터다.

　카트린에 앞서 미술 아카데미에 들어간 두 명의 여성이 있다. 조각과 시청각 예술 창작 부문이었다. 전자는 브리지트 테르지에프(2007년), 후자는 잔 모로(2001년)다. 더불어 수세기 전, 조각가 도로테 마세 고드캥과 화가 카트린 뒤슈맹 지라르동(164쪽 참조)은 미술 아카데미의 전신인 왕립 회화조각 아카데미의 회원이었다. 확실히 몇 명 되지 않는다.

　오늘날 이들 5개 아카데미에는, 남녀 성비 균형 면에서 표준과 거리가 멀기는 하나, 다행히 매년 조금씩 여성의 수가 늘고 있다. 차별받던 서글픈 과거를 생각하면 상당한 발전이 아닐 수 없다. 마르그리트 유르스나르의 아카데미 프랑세즈(242쪽 참조) 입회를 위해 싸운, 소설가 장 도르메송의 경우 격렬하다 못해 악랄하기까지 한 반대에 부딪혔으니 말이다. 그러므로 카트린은 비단 만화뿐 아니라 아카데미 내 여성의 자리를 위해서도 새로운 시대를 열 것이다. 파리 퐁피두센터 공공정보도서관이 기술한 대로 2020년은 '만화가이자 풍자화가, 일러스트레이터, 각본가, 르포라이터'인 그녀에게 뜻깊은 한 해였다. 퐁피두센터는 '카트린 뫼리스, 그리는 삶'이라는 타이틀 아래 그녀의 유년기 작업부터 만평을 포함한 최신 화집까지, 200여 점에 달하는 그림과 원화를 전시한 바 있는데, 이는 그녀가 지닌 재능을 전체적으로 조망해 보는 기회였다.

> 오늘날 이들 5개 아카데미에는, 남녀 성비 균형 면에서 표준과 거리가 멀기는 하나, 다행히 매년 조금씩 여성의 수가 늘고 있다. 차별받던 서글픈 과거를 생각하면 상당한 발전이 아닐 수 없다.

그녀의 예술에 대한 사랑과 그림에 대한 집념은 오래된 것이다. 앙굴렘 국제만화페스티벌에서 학생 만화상(황금다람쥐상)을 수상했을 때, 그녀 나이 열일곱. 그녀는 그림을 사랑하는 만큼 글과 문학과 유머를, 그리고 자유로우면서도 거칠지 않게 사회문제에 참여하는 것을 좋아하는 사람이다.

Mary Jackson

어둠을
뚫고
빛으로

메리 잭슨(1921-2005, 미국) NASA 최초의 흑인 여성 엔지니어(1958)

2019년 워싱턴 D.C. 소재 미국항공우주국NASA 본부로 이어지는 거리에 '히든 피겨스 웨이Hidden Figures Way'라는 새 이름이 붙는다. 미국의 우주 개발 여정에서 귀한 업무를 수행한 여성 수학자 3인을 기리는 의미였다. 이들의 이름은 캐서린 존슨Katherine Johnson, 도로시 본Dorothy Vaughan, 메리 잭슨Mary Jackson으로 모두 아프리카계 미국인이다. 마고 리 셰털리는 2016년 출간된 자신의 책 『히든 피겨스Hidden Figures』에서 이들 3인의 여정을 들려준 바 있다. 뒤이어 나온 동명의 영화는, 인종분리주의 반대법 공포公布 당시를 배경으로, '치마 입은 컴퓨터', 백인 동료들에 견주어 '유색 컴퓨터'라고도 불리던 이 세 여성의 운명을 우주 개발 역사와 잘 버무려 감동적으로 담아내기도 했다.

2017년 제89회 아카데미상 시상식. 「히든 피겨스」 주연 배우 3인 곁에는 캐서린 존슨이 있었다. 그녀가 버락 오바마 대통령으로부터 미국에서 가장 영예로운 시민 훈장인 대통령자유훈장을 수여받고 2년이 지

난 참이었다. 캐서린과 두 동료는 2019년 의회명예황금훈장을 받는다. 도로시 본과 메리 잭슨에게는 사후 서훈이었다.

'최초의 여성' 메리 잭슨에게로 돌아가자. 순위는 종종 순위일 뿐이라는 단점이 있다. 이들 세 사람 가운데 1958년 NASA 최초의 흑인 여성 항공우주 엔지니어였던 사람은 메리다. 어떻게 그게 가능했을까?

> 그녀는 달 착륙이라는 역사적 임무를 띤 1969년의 아폴로 11호 궤도 계산에 참여한 NASA 최초의 흑인 여성 엔지니어가 된다.

메리는 1942년 수학과 물리학 학위를 따자마자 교사로, 이후 사서와 육군 비서로 일하다가 1951년에야 NASA의 전신인 국가항공자문위원회NACA에 들어간다. 당시 그녀 나이 30세. 배경에는 프랭클린 루즈벨트 대통령이 1941년 서명한, 방위산업에서 차별을 금지하는, 그 유명한 행정명령 제8802호가 있다. 행정명령 발효 후 수년이 흘러 미국과 소련이 치열한 우주 개발 경쟁에 돌입하면서, 미국은 급박하게 말 그대로 '모든 능력'이 필요해진다. 그리고 전력을 다해 흑인 여성 과학자들을 채용해 미국이란 나라를 역사에 길이 남게 할 계산을 수행하게 한다. 하지만 인종 분리는 여전한 상황. 그녀들이 들어간 NASA의 부서 이름이 '유색 컴퓨터'인 것, 백인 동료와 분리된 사무실에서 일한 점에서 우리는 유감스럽게도 이 사실을 확인할 수 있다.

NASA 계산센터(버지니아 주 랭리 소재)에서 5년을 보낸 메리는 보다 상위 과정으로 나아갈 권리를 얻기 위해 다시 싸워야 했다. 폴란드 출신 엔지니어 카지미에시 자네키(1916-2005)—이 책에 언급되어 마땅한—의 지원을 등에 업고, 그녀는 앨런 셰퍼드의 비행(1961)과 닐 암스트롱과 두 동료 우주 비행사의 달 착륙이라는 역사적 임무를 띤 1969년의 아폴로 11호 궤도 계산에 참여한 NASA 최초의 흑인 여성 엔지니어가 된다. 엄청난 일이 아닌가!

여기서 끝이 아니다. 인종차별을 필생의 투쟁 대상으로 삼았던 메리는 NASA의 기회균등 사무소에서 1985년 은퇴할 때까지 일한다. 행여 당신이 NASA 본부 앞을 지나가게 된다면, 그 건물들이 2020년 6월 이래 그녀의 이름으로 불린다는 사실을 알게 될 것이다.

해방된 노예가 신을 만났을 때

라비아 알 아다위야(719?–801?, 이라크)
최초의 여성 신비주의자, 최초의 여성 수피 시인

최초의 여성 수피(이슬람교도 일부가 신봉하는 신비주의-옮긴이) 시인, 라비아 알 아다위야는 이라크 카이스족의 한 분파인 알 아틱족의 매우 빈곤한 가정에서 태어나 해방된 노예였다. 그녀는 신을 대상으로 한 연애시를 쓰기도 했는데, 이 때문에 일부 교조주의자들로부터 이단 취급을 받았다.

아랍어로 '넷째 딸'을 뜻하는 이름인 라비아. 그녀의 삶은 한 편의 영웅 신화에 가깝다. 1963년 개봉한 영화 「라비아 알 아다위야」는 이집트의 전설적인 가수 움 쿨숨의 노래와 더불어 그녀의 이야기를 소설화된 방식으로 보여 준다. 부모님을 여읜 열 살의 라비아와 그녀의 언니들은 각자 알아서 궁지를 벗어나려고 뿔뿔이 흩어진다. 자신이 선택한 방식대로 무용수이자 거리의 음악가로 생계를 이어 가던 그녀는 기근, 역병, 폭력, 매춘 등 온갖 고난을 겪는다. 그러다 한 강도 무리에 유괴돼 가장 높은 삯을 부른 무자비한 장사꾼에게 노예로 팔린다. 라비아는 낮 동안

겪은 시련을 달래고자 밤이 되면 기도를 올리는데, 그런 그녀 뒤로 후광이 비친다. 자신을 인도해 달라고 밤마다 신에게 간청하며 몸과 마음을 바쳐 사랑과 경배를 담은 비통한 기도를 올리는 라비아. 그러던 어느 날, 그녀를 부리던 장사꾼이 불시에 찾아왔다가 기도하는 라비아의 모습에 화가 치민 나머지 그녀를 감옥에 가둔다. 이후 그녀의 친절한 마음과 진실성에 감동한 장사꾼은 결국 그녀에게 자유를 준다.

오늘날 전해지는 그녀의 시 일부에서 우리는, 영적인 숭배를 넘어 신에 대한 그녀의 절대적인 사랑과 연인이 되다시피 한 에로티시즘에 가까운 열정을 보게 된다. 그런데 그녀의 진짜 삶은 어떠했을까? 역사적 기록에 따르면, 수세기 후 가톨릭 성녀 테레사처럼 계시를 받은 라비아는 신을 향한 사랑을 위해 고행자의 삶을 살기로 하고, 세속을 떠나 사막에서 은거한 것으로 보인다. 이후 고향인 바스라로 돌아갔다. 그녀가 살던 시대를 고려할 때 상당한 고령―80세 또는 90세에 사망한 것으로 추정된다―이 될 때까지 매우 궁핍하게 살았으나, 차츰차츰 그녀로부터 명상, 관조, 묵상의 기본을 배우려는 사회, 정치, 철학 분야의 유명 인사들과 제자들이 곳곳에서 찾아왔다고 한다.

> 차츰차츰 그녀로부터 명상, 관조, 묵상의 기본을 배우려는 사회, 정치, 철학 분야의 유명 인사들과 제자들이 곳곳에서 찾아왔다고 한다.

오늘날 라비아 알 아다위야는 온갖 종류의 표현 방식으로 유명해진 신비주의 시를 쓰는 우상 같은 존재임은 분명하다. 그러나 학술 대회나 회담 등에서, 여성들을 수피즘의 길로 인도하는 데 있어 그녀가 차지하는 비중을 두고 의문이 제기되기도 한다. 여러 공연들, 특히 무용 공연은 그녀가 겪은 일련의 영적인 사건을 통해 아랍 이슬람 역사에서 가장 풍요로웠던 한 시기를 보여 준다.

Felicia Langer
Léa Tsemel

'함께'를
향하여

펠리시아 랑거(1930-2018, 이스라엘/독일),
레아 체멜(1945-, 이스라엘)
팔레스타인인을 변호한 최초의 이스라엘 여성 변호사

1960년대와 70년대에 요르단강 서안과 가자 지구의 팔레스타인인 수감자들을 변호하며 이름을 알린 펠리시아 랑거는 점령지에서 자행되는 인권 침해를 고발했다. 이후 더는 변호사 일을 할 수 없다고 판단한 그녀는 1990년 이스라엘을 떠나 독일로 이주해 브레멘 대학과 카셀 대학에서 학생들을 가르치게 된다.

그녀가 완전하고 타협 없는 정의를 요구하게 된 배경에는 분명 자신의 과거 경험이 큰 비중을 차지할 것이다. 폴란드 태생으로 가족 일부를 절멸수용소에서 잃고, 남은 가족과 함께 나치의 박해를 피해 러시아로 피난을 가야 했던 과거. 행여 폴란드로 돌아가는 길이 막힐까 싶어 소련 여권 만들기를 거부한 그녀의 아버지는 결국 1945년 강제노동수용소에서 생을 마감했기에. 전쟁이 끝나고 수용소 생존자와 결혼한 펠리시아는 1950년 이스라엘 텔아비브에 정착해 변호사가 된다.

1970년대 말 이래 예루살렘 변호사협회에 이름이 올라 있는 레아 체

멜은 펠리시아 곁에서 배우고 익혔다. 결과적으로 그녀는 펠리시아와 같은 길을 걷는다. 1996년 12월 레아는 팔레스타인 변호사 라지 수라니와 함께, 자크 시라크 대통령(당시 프랑스 대통령)이 수여하는 프랑스 인권상을 받는다. 또 2004년 민주주의와 인권을 위한 유럽법률가협회가 주는 한스 리텐상을 팔레스타인 변호사 모하메드 나메와 공동 수상한다.

우리는 레아 체멜의 행보에서 희망의 메시지를 읽는다. 이스라엘 사람과 팔레스타인 사람은 함께 살고 함께 일할 수 있으며 동등한 대우를 받을 수 있다는. 세상에 나와 75년을 보내면서도 그녀는 조금의 희망도 잃지 않았다. 이스라엘 영화감독 레이첼 리치 존스와 필립 벨라이체가 2019년 제작한 다큐멘터리는, 좋은 조건에서 일하기가 힘든 상황임에도 그녀가 여전히 투지에 불타고 있음을 보여 준다. 세계 각지의 운동가들이 조언을 구하러 왔을 때 그녀는 이렇게 답했다. "시도하고 또 시도하세요." 특유의 용맹한 성격 탓에 공격의 대상이 되기도 하지만, 그럼에도 불구하고 레아는 자신에게 격려와 존경의 말을 건네는 예루살렘 사람들과의 길거리 소통을 즐긴다. 그리고 희망을 잃은 사람들에게 이런 위로의 말을 잊지 않는다. "성공이 늘 승패의 관점에서 규정되는 건 아닙니다. 오히려 '고통을 줄이고, 추방을 멈추고, 가족의 흩어짐을 막는 역량' 속에서 성공이 무엇인지 말할 수 있습니다."

> 우리는 레아 체멜의 행보에서 희망의 메시지를 읽는다. 이스라엘 사람과 팔레스타인 사람은 함께 살고 함께 일할 수 있으며 동등한 대우를 받을 수 있다는.

부르면
의미가 되는
이름

마르그리트 드 로슈슈아르(1665–1727, 프랑스)
파리 지하철 역명으로 이름이 사용된 최초의 여성(1907)

파리 시민과 파리를 찾은 관광객 대다수가, 프랑스인 외국인 가릴 것 없이, 몽마르트르 언덕과 사크레 쾨르 성당 아래 자리한 바르베 지구를 잘 알 것이다. 바르베 지구는 아주 오래전부터 세계의 문화가 만나던 곳으로 인기 있는 동네이기도 하다. 바르베를 안다면 1860년 무너진 성벽인 뮈르 데 페르미에 제네로를 따라 지상으로 건설된, 윗부분이 앞으로 돌출된 모양의 지하철역 또한 알 것이다.

무슨 얘기인가 싶을 것이다. 여러분이 아마도 모를, 적어도 아직은 모르는 사실을 알려 주려는 것이다. 도로 위에 건설된 고가 위를 지나는 이 지하철역에서, 우리는 유리로 된 유명한 날개 모양 지붕만 볼 게 아니라, 두 이름이 조합된 역명 또한 주목해야 한다. 그 이름은 바르베 로슈슈아르Barbès-Rochechouart. 이제 좀 관심이 동하기 시작하는지.

'바르베'는 7월 왕정 당시 공화주의 운동가 아르망 바르베의 이름에서 왔다. 그러면 '로슈슈아르'라는 이름 뒤에는 누가 있을까? 도통 짐

작이 가지 않는가? 이 역을 부를 때 대개 바르베 하나만 말하는 승객들이 유리 지붕 아래 열차를 기다리며 로슈슈아르가 여자의 이름이라는 생각을 할 수 있을까? 그렇다. 로슈슈아르는 여자다! 로슈슈아르 양(어쩌면 부인), 아니 마르그리트 드 로슈슈아르는 그렇다면 누구일까? 유서 깊은 귀족 가문 출신인 마르그리트는 종교학자다. 해당 역과 멀지 않은 곳에 자리한(현재는 철거된) 몽마르트르 수도원 수녀원장이기도 했는데, 1713년부터 사망할 때까지 이 베네딕트회 수녀원 운영을 맡았다.

의문은 이어진다. 파리교통공단RATP은 어째서 1907년 10월 15일 이 지하철역에 로슈슈아르와 바르베의 이름을 함께 사용하기로 한 것일까? 바르베 역과 2호선을 개통하고 3년이 지난 시점에 말이다. 공단에 따르면 이는 4호선 개통과 관련된 부분으로, 2·4호선 환승 구간이 육교 아래 로슈슈아르 대로를 가로지르기 때문이란다. 단지 그런 이유였다! 더불어 2019년 파리 시가 거리명이 된 여성 유명인사들 이름을 이름과 성姓 모두 표기하기로 하면서, 현재는 마르그리트 드 로슈슈아르 대로라 불린다. 여성들도 이제는 더 이상 소외되지 않는다. 어쨌거나 마르그리트는 지하철역 이름이 된 최초의 여성이다. 오늘날 302개 지하철역 중 6개 역만이 여성에게 경의를 표하고 있다.

Christine Jorgensen

자연의
실수를
바로잡다

크리스틴 조겐슨(1926-1989, 미국)
호르몬요법으로 성전환 수술을 한 최초의 트랜스젠더(1952)

1952년 12월 1일 『뉴욕 데일리 뉴스』에는 이런 제목의 기사가 실린다. '전직 미군 병사, 금발 미녀가 되다.' 육감적인 사진 속 젊은 여성의 이름은 조지 윌리엄 조겐슨 주니어. '주먹다짐과 거친 승부의 세계에서 도망쳤다'는 '연약하고 내성적인 금발 소년'은 정말로 여자가 되었다. 덴마크에서 일어난 일이다.

크리스틴의 이야기는 분명 가장 널리 기사화된 트랜스젠더 사례일 것이다. 그녀는 자신의 성전환 수술을 거리낌 없이 언급하고, '모험담' 취재에 응했으며, 배우에 뮤직홀 아티스트가 되어 자신을 위한 공연을 직접 만들고 노래를 녹음하기도 했다. 할리우드에서도 존재감을 보여주었다. 그녀를 유명하게 만든 건 쇼 비즈니스였다. 모든 사교 행사에서 그녀를 볼 수 있었고 평판 역시 좋았지만, 그녀는 마찬가지의 열정을 성전환자—LGBT라는 용어가 등장하기 전이었다—라는 존재를 알리는 데, 또 이들의 권리 제고를 위해 대학 캠퍼스를 포함한 많은 집회에 참

여하는 데 쏟는다.

조지 윌리엄 조겐슨이 자신을 여성이라 느낀 것은 이미 유년기의 일이었으나, 성전환을 고민하고 성전환 수술이 가능한지 알아보기 시작한 것은 군 복무를 마치고부터였다. 마침내 일련의 호르몬 치료를 시작했을 때, 이는 미국에서는 불가능한 수술로 향하는 긴 여정의 첫 단계였다. 미국 청년 조지는 크리스티안 함부르거 박사에게 수술을 받으러 덴마크로 향한다. 무사히 여자가 된 그는 이름을 크리스틴으로 정한다. 코펜하겐으로 떠날 때, 그는 덴마크 출신 부모님에게 여행의 이유를 숨겼다. 그러나 이후 크리스틴이 밝히기를, 가족은 늘 자신의 결정을 지지해 주었다고. 그녀는 뉴욕으로 돌아와 부모님에게 편지를 쓴다. "자연이 한 실수를 제가 바로 잡았습니다. 이제부터 저는 두 분의 딸입니다."

크리스틴이 성전환 수술을 받은 최초의 여성은 아니다. 앞서 적어도 두 명이 1920년대와 30년대에 독일에서 수술을 받은 바 있다. 안타깝게도 결과는 좋지 않았다. 크리스틴의 경우 호르몬요법이 처방된 최초의 사례다. 이는 개인에게뿐 아니라 의학적, 사회적으로도 혁신적인 일이었다. 언젠가 기자회견장에서 그녀는 이에 대해 재치 있게 한마디 했다. "저희가 성 혁명을 시작한 건 아닙니다만 적어도 엉덩이를 제대로 걷어찼다고 생각합니다."

애석하게도 트랜스젠더를 향한 조롱과 모욕은 현재진행형이다. 이들

'주먹다짐과 거친 승부의 세계에서 도망쳤다'는 '연약하고 내성적인 금발 소년'은 정말로 여자가 되었다.

의 권리는 나라마다 다르다. 프랑스의 경우 성전환 등 특정한 몇몇 조건하에 개인의 신상과 관련된 서류상 성별 변경이 허용된다. 뉴욕에서는 2015년부터 조건 없는 서류상 성별 변경이 가능해졌다. 크리스틴이 그토록 바랐던 일이 실현된 것이다.

Rose Dieng Kuntz

지식사회를
꿈꾼
가치 전달자

로즈 디엥 쿤츠(1956–2008, 세네갈)
아프리카 여성 최초로 프랑스의 MIT, 에콜 폴리테크니크 입학(1976)

　다카르 반 볼렌호벤 고등학교 재학 시절 그녀는 모든 과목에서 뛰어
났다. 1972년 수학, 프랑스어, 라틴어에서 1등을, 그리스어에서는 2등을
한다. 어디 그뿐인가. 대학입학자격시험에서 가장 높은 등급을, 또 최우
수 평점을 받았다(부연하자면, 세네갈 국어는 월로프어다. 하지만 독립 후
60년 가까이 지난 지금도 교육기관에서는 여전히 프랑스어를 공식 언어로 사
용한다). 이후 협력 장학금의 도움으로 프랑스로 건너와 고등수학반에
들어가게 된다. 작가 아니면 의사가 되고 싶었던 로즈 디엥 쿤츠는 결국
에콜 폴리테크니크에 입학한다. 학교가 아프리카 출신 여학생을 맞아
들인 것은 1794년 개교 이래 처음이었다. 때는 1976년, 로즈는 스무 살
이었다.
　앞서 폴리테크니크에서 수학한 여성들은 있었다. 개교 후 처음으로
맞은 여성 입학생은 소피 제르맹이다. 1972년에는 일곱 명의 여학생이
공부했는데, 그중 안 쇼피네, 일명 안 뒤티울은 저널리스트 출신 전 프

ÉCOLE
POLYTECHNIQUE

랑스 문화부 장관 프랑수아즈 지루가 『렉스프레스』지에 쓴 표현대로 '능력주의사회의 꽃'인 입학시험에서 수석을 차지했다.

하지만 로즈의 지식에 대한 갈증을 해소하기에 폴리테크니크는 충분하지 않았던 듯싶다. 그녀는 프랑스 국립정보통신대학에서 공학 학위를, 파리11대학에서 컴퓨터공학 박사 학위를 취득한 후 1985년 프랑스 국립 전산 및 자동화연구소INRIA에 들어간다. 논문 주제는 컴퓨터

> "기계는 인간처럼 논리적으로 사고하고, 모국어를 배우고 이해할 수 있습니다."

프로그램에서 병렬 수행(벌써부터 앞서갔다!)에 관한 것이었으나, 그녀를 사로잡은 것은 인공지능이었다. 사회 초년생 시절 민간 기업에서 다양한 업무를 수행하며 발견한 분야였다. "기계는 인간처럼 논리적으로 사고하고, 모국어를 배우고 이해할 수 있습니다." 그녀가 2006년 과학 저널리스트 안 르페브르 발레디에게 한 말이다. 그녀가 프랑스에 남기로 한 데는, 당시 모국 세네갈에 컴퓨터 관련 연구가 없다는 배경이 작용한 게 아닐지.

소피아 앙티폴리스 인공지능통합학문 연구소에서, 로즈는 지식 모델링과 지식 획득에 통달한 전문가였다. 다수의 임무 수행 후, 그녀는 실제로 공동체와 기업, 기관이 집단 기억의 토대가 되는 지식을 자본화하고 공유하는 방법 및 소프트웨어를 개발하려는 목표로 아카시아ACACIA 프로그램에 착수한다. 목표는 공유 지식 웹 구축이다. 그리고 그 핵심 영역에 인간의 기억과 컴퓨터의 기억장치가 있다. 그녀가 지향한 것은 정보사회보다는 지식사회였다.

이 예쁜 이름의 과학자는 자신이 밟아 온 과정이 일반적이지 않음을 알기에, 결코 본인의 사례를 예로 드는 법이 없었다. 스스로를 피부색과 종교, 출신 배경을 넘어선 가치 전달자에 불과하다고 여겼다. 2005년 프랑스 교육부와 에어버스 재단은 로즈의 전 업적에 대해 이렌 졸리오 퀴리상을 수여한다. 그녀가 52세로 사망하기 3년 전의 일이다.

Jocelyn Bell Burnell

내 것이 되지
못한 상

조슬린 벨 버넬(1943–, 영국) 펄사를 최초로 발견한 천체물리학자(1967)

2018년 11월 실리콘밸리 중심부. 영화계를 포함한 각 분야 스타들이 자리한 가운데, 조슬린 벨이 기초 물리학의 노벨상이라 일컬어지는 브레이크스루 특별상을 받는다. 상금은 무려 300만 달러. 상당한 액수였다. 그로부터 몇 주 후 파리. 프랑스 과학 아카데미는 가장 권위 있는 상인 그랜드 메달을 이 영국인 천체물리학자에게 수여한다. 아름다운 만큼 무겁기도 했다. 그녀 손에서 미끄러진 나머지 떨어질 정도였으니. 수상자는 말할 것도 없고 누구도 예상하지 못한 상황이었다. 그러나 조슬린은 평정을 잃지 않고 좌중에 감사를 전하며 그녀가 펄사 발견에 대한 논문을 발표하고 50년이 지난 지금, 이 상이 얼마나 '특별한' 방식으로 울려 퍼지고 있는지 말했다.

기실 그녀를 유명하게 만든 상을 그녀는 받은 적이 없다. 아니, 반세기 전에 그녀에게서 빼앗았다고 말하는 게 맞겠다. 1967년 조슬린은 케임브리지 대학 캐번디시 연구소에서 앤서니 휴위시 지도하에 논문을

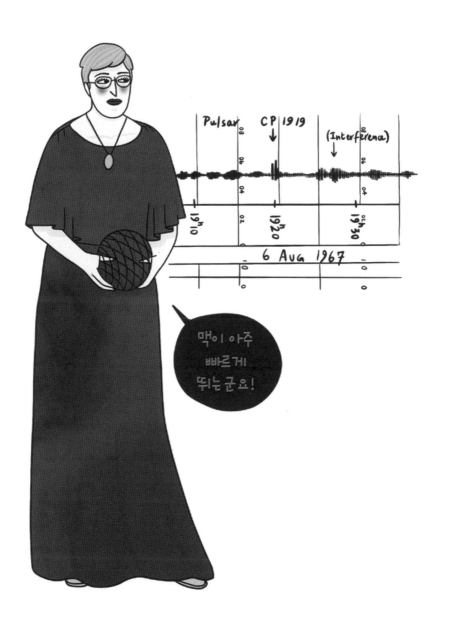

쓰고 있었다. 어느 날 전파망원경 데이터 기록을 검토하던 그녀는 하늘의 특정 부분에 위치한 주기적이고 규칙적인 전파 신호를 포착한다. 외계 생명체라도 있었던 것일까? 더군다나 처음에 이 신호를 '작고 푸른 사람Little Green Men-1'이라 부르지 않았나?

연구 끝에 조슬린은 이 신호가 천체에서 나온다는 가설을 세운다. 그녀가 발견한 것은 바로 펄사Pulsar, 즉 1밀리 초에서 수십 초 간격으로 주기적인 신호를 방출하는 중성자별이었다. 맥동변광성Pulsating star의 줄임말에서 유래한 펄사는 수명이 다한 거대 항성이 폭발하는 과정에서 나온 결과물이다.

자신이 나고 자란 북아일랜드에서 여학생은 남학생보다 더 높은 성적을 요구받았다고 그녀는 회상한다.

분명 이 스물넷 젊은 천체물리학자를 거쳐 스타가 탄생했다. 펄사는 오늘날 천체를 이해하는 과정에 있어 필수 요소로 간주된다. 이듬해 『네이처』에 펄사 발견 기사가 실리자 물리학계가 들썩였다. 그러나 노벨 위원회는 1974년 '전파천문학 부문에서 선구적 연구'를 수행했다는 이유로, 조슬린의 논문 지도 교수였던 휴위시와 다른 한 명의 과학자 마틴 라일을 물리학상 수상자로 발표한다. 이 차별적인 결정은 과학계에 거센 논란을 불러일으킨다.

2018년 받은 두 개의 상이 그녀가 겪은 과거의 모욕을 씻어 줄 수 있을까? 조슬린은 페어플레이 하는 쪽을 택한다. 그런 식의 차별이 당시 얼마나 빈번한 일이었는지 상기하는 편이 낫다고. 자신이 나고 자란 북아일랜드에서 여학생은 남학생보다 더 높은 성적을 요구받았다고 그녀는 회상한다. 그리고 거액의 상금을 젊은 여성들, 특히 여성의 비율이 낮은 물리학 분야 여성 과학자들의 연구 논문을 지원하는 데 사용하기로 한다.

Hedy Lamarr

미인의
머릿속에는
코드가 있다

헤디 라마르(1914–2000, 오스트리아/미국)
와이파이, 위치 추적, 이동통신, 블루투스에 사용되는 전달 체계 발명

가장 최근의 신기술을 노리며 첨단기술박람회를 찾는 대중은 분명
이 사실—조금씩 알려지고 있긴 하나—을 모를 것이다. 헤디 라마르라
는 인물이 80여 년 전 이미 현재의 전화, 와이파이, GPS에 사용되는 기
술인 '주파수 도약 확산 스펙트럼'을 발명했다는 사실 말이다. 거기에
하나 더, 아마 짐작하겠지만, 이 헤디 라마르가 여성이라는 사실. 게다
가 할리우드에서 명성을 누린 바 있는, 그 무렵 세계에서 가장 아름다운
여성이라 불리던 배우였다는 것. 그런데 어떻게 영화배우가 오늘날 우
리에게 필수가 된 현대 기술을 개발하게 되었을까?

그녀의 놀라운 삶을 들여다보자. 식견을 갖춘 빈의 부르주아인 그녀
의 부모는 딸에게 양질의 교육을 제공하는데, 무엇보다 언어와 과학이
우선이었다. 아버지는 특히 공학의 기초를 가르친다. 어린 헤드비그 키
슬러Hedwig Kiesler(그녀의 본명이다)가 보여 준 특별한 재능은 공학 분야에
서의 큰 커리어를 짐작해 볼 만한 것이었다.

하지만 그녀의 선택은 달랐다. 놀라울 만큼 아름다웠던 헤드비그는 학업을 중단하고 자신의 미美를 활용해 볼 요량으로 영화계 문을 두드린다. 18세에 맡은 첫 배역으로 그녀는 바로 주목을 받는다. 영화계는 그녀의 매력에 빠져들었으나, 내용의 수위를 문제 삼은 교황 비오 11세는 그녀를 비난했다. 요컨대 그녀는 스타로 발돋움한 것이다. 체코 감독 구스타프 마차티가 연출한 영화 「엑스터시」를 통해서였다. 충분히 짐작 가능한 결과다! 1933년 개봉한 이 영화는 무엇보다 아주 대담했는데, 우리는 완전히 벌거벗은 여배우의 오르가슴 연기를 보게 된다. 그렇다, 당신은 제대로 들었다! 그녀는 영화에서 오르가슴 연기를 선보인 최초의 여배우임이 틀림없다. 아무튼 배짱 하나는 두둑한 헤드비그! 이후 그녀는 분노와 질투심 가득한 남편과 나치 독일에서 탈출해 1937년 미국 서부로 진출한다. 그녀의 꿈, 할리우드에 입성한 것이다. 당시 할리우드에서 가장 큰 규모를 자랑하던 영화사 MGM은 그녀에게 7년 계약을 제안한다. 한마디로 대박이 터진 것! 그리고 헤디 라마르가 탄생한다.

2차 세계대전이 발발했을 때 헤디는 미국 미사일이 적에게 너무 자주 포착되는 것에 분노한다. 그 분야에 있어 그녀는 전문가였다. 오스트리아 빈에 있는 전남편은 무솔리니에게 무기를 공급한 세계에서 제일가는 무기상이지 않았나. 친구인 피아니스트 조지 앤타일이 후에 말했듯 아름다운 외모 뒤에 '지知의 거인'의 두뇌가 숨어 있다는 것을 그녀는 알았을까? 마찬가지로 수학에 빠져 있던 조지와 함께 그녀는 적을 속일 수 있는 암호 전송 체계를 고안해 낸다. 1942년 특허 출원 후 미군에 무상 기증된 이 발명품은 안타깝게도 1962년 쿠바 미사일 위기 때 딱 한 번 사용되었다. 그녀의 요부 이미지는 퇴색했고 배우 생활도 오래전에 끝난 시점이었다.

그녀의 과학적 성취에 대한 공인은 뒤늦게 이루어진다. 헤디 라마르는 1997년 전자프런티어재단으로부터 상을 받았고, 2014년 미국 발명가 명예의 전당에 등재되었다. 2017년 공개된 알렉산드라 딘의 다큐멘터리 「밤쉘」은 대중에게 잊힌 이 개척자의 업적을 기렸다.

모든 것을
설명해 줄
발견

네티 스티븐스(1861-1912, 미국)
X와 Y염색체가 성별을 결정한다는 사실 발견, Y염색체 식별

알다시피 제대로 평가받지 못한 천재들이 존재한다. 네티 스티븐스를 설명할 때 가장 빈번하게 사용되는 표현이 '후대에 잊힌 천재적인 유전학자'인 것을 보라. 그러나 세포생물학의 선구자이자 동물학자, 유전학자인 그녀의 지도 교수는 망설임 없이 제자에게 다음과 같은 추천서를 써주었다. "지난 12년간 제가 가르친 학생들 가운데 스티븐스 양만큼 연구 분야에 재능이 있으며 독립적인 학생은 보지 못했습니다."

이 찬사 가득한 편지는 스티븐스 양이 염색체의 역할을 발견하기도 전에 작성된 것이다. 사실 그녀가 연구를 통해 개인의 성별은 Y염색체의 유무로 결정된다는 결론을 도출한 것은 20세기 초의 일이다. 이는 당시 가장 중요한 발견이었다.

네티가 자란 환경은 그녀를 최고 수준의 과학자로 만들어 줄 만한 것이 아니었다. 아버지는 목수였다. 그녀는 처음에 교사로 일하다가 이후 사서가 되었다. 그리고 15년 넘게 일하며 모은 돈으로 스탠퍼드 대학

에서 생물학을 공부하기 시작해 석사에 준하는 학위를 취득한다. 그리고 1900년 펜실베이니아로 건너가 브린 모어 대학에 등록하는데, 이 사립 여성 대학은 예술 프로그램과 전문 과학 과정을 동시에 제공했다. 세포학과 재생 과정을 선택한 그녀는 토머스 헌트 모건 교수의 지도하에 1903년 박사 학위를 딴다. 네티는 브린 모어에서 학생들을 가르치면서 헌트 모건, 에드먼드 비처 윌슨과 함께 연구를 이어 나갈 수 있었다. 탐구 분야는 세포유전학과 발생학이었으며, 초시류, 그중에서 특히 곡물이 먹이인, 밀가루에서 발견되는 벌레 갈색거저리를 연구한다.

그 과정에서 네티는 특정 조합이 개체의 성별을 결정한다는 사실을 발견하기에 이른다. 남성의 Y염색체를 식별해 내면서 그녀는 Y염색체가 성별 결정에 핵심 역할을 담당한다고 추론한다. 곧 Y염색체의 중요성을 주장했으나 무위로 돌아갔다. 그리고 이 발견은 묻혀 버린다. 아이의 성별이 전적으로 엄마에 의해 결정된다고 믿던 시절이었기 때문이리라. 같은 해 에드먼드 윌슨이 이를 입증하고 나서야 비로소 Y염색체의 중요성이 과학적으로 인정된다.

> 남성의 Y염색체를 식별해 내면서 그녀는 Y염색체가 성별 결정에 핵심 역할을 담당한다고 추론한다.

그럼에도 네티의 연구는 계속되었다. 이번에는 여성 염색체를 들여다볼 차례. 하지만 늦게 피어난 과학자로서의 경력은 일찍 막을 내린다. 그녀가 유방암으로 1912년 사망하기 때문이다. 그리고 1933년 '유전에 있어 염색체의 역할을 발견한' 공로로 그녀의 논문 지도 교수였던 토머스 헌트 모건에게 노벨 의학상이 돌아간다.

Naziq Khatim al Abid

고귀함,
그것은
용기

나지크 알 아비드(1887–1959, 시리아) 최초로 장군이 된 여성(1922)

나지크가 태어났을 당시의 시리아 다마스쿠스는 오스만 제국의 일부였다. 부유한 가정에서 자란 그녀는 일류 교육을 받는다. 귀족인 아버지는 술탄 압둘하미드 2세 궁정의 일원이었다. 따라서 훗날 그녀가 사람들이 부르듯 '반역자'가 되는 데 영향을 주었을 법한 사건은 전혀 없었다. 보석, 실크 드레스, 레이스와 같은 것들을 벗어던지고 평범한 옷을 걸치겠노라 외치게 만들었을 법한 일은 더더욱 없었다. 사회적 불평등을 인식하게 된 것을 제외하면 말이다.

그녀는 가족의 부로 얻게 된 특권을 불편하게 여겼다. 그래도 그 덕분에 학업을 위해 이스탄불로 건너갈 수 있었으며, 터키와 미국, 프랑스의 명문 학교에서 공부할 수 있었다. 다시 말해 반란이 받아들여지지 않는 곳에서 말이다. 그녀가 아랍 학생에 대한 차별에 항의했다는 이유로 바로 퇴학을 당해 시리아로 돌려보내졌을 때 겨우 열여섯 살이었다. 고귀한 가문 출신에게 있어 용기란 나이를 가리지 않는 법이다.

여성 권리를 위한 협회를 설립하면서 나지크는 오스만 권력을 공개적으로 비판한다. 또다시 처벌이 내려지고, 이번에는 이집트로 추방된다. 그녀는 1차 세계대전이 끝나고 제국이 멸망할 때까지 고국으로 돌아올 수 없었다.

전후 시리아는 레바논과 마찬가지로 국제연맹의 지정에 따라 프랑스의 위임통치 대상이 된다(1920-1946). 이를 거부한 시리아 국방 장관은 동지들을 모아 군대를 만드는데, 나지크도 이에 가담해 전투에 참여한다. 여기에 그치지 않고, 적십자에 영감을 받은 간호 부대 '붉은 별'을 결성한다. 장군에 비견할 용맹함을 지닌 그녀. 시리아 군대에 전무했던 자질이었으나 전투는 벌써 패배로 기운 듯했다. 나지크는 레바논으로, 이후 요르단으로의 망명을 요구받는다. 1922년 그녀 앞에 놓인 사면 조건은 단 하나. 즉시 모든 정치적 행동을 중단할 것.

하지만 나지크는 계속해서 차별에 맞서 싸운다. 여성해방을 위한 활동이 최우선이었다. 여성의 투표권과 교육, 경제적, 사회적 권리를 위한 자신의 활동을 응원하고 지지해 주는 정치인과 결혼한 뒤에는 더욱더 이에 매진한다. 협회 '다마스쿠스 여성들의 각성'을 만들어 빈곤층 소녀들에게 바느질 및 영어 수업을 제공한다. 정치란 결코 멀리 있는 게 아니다. 그녀가 옹호한 사회적 요구 중 주간 휴일 도입과 출산휴가 등 일부는 수용된다. 1946년 프랑스의 위임통치가 끝난 뒤에도 이는 지속되었다.

> 여성해방을 위한 활동이 최우선이었다. 여성의 투표권과 교육, 경제적, 사회적 권리를 위한 자신의 활동을 응원하고 지지해 주는 정치인과 결혼한 뒤에는 더욱더 이에 매진한다.

Louise Michel

행동하는
반항아

루이즈 미셸(1830–1905, 프랑스)
여성 최초로 이름 전체가 파리 지하철 역명으로 사용(1946)

1946년 지하철역 이름으로 이름 전체가 사용된 최초의 여성으로서 루이즈 미셸을 소개한다면 페미니스트와 역사가 모두 펄쩍 뛸 게 분명하다. 부족하다고 할 것이다. 맞는 말이다. 그게 사실이니까! 루이즈 본인 역시 이런 식의 소개에 제법 화를 내리라. 그녀에 대해 역사가 기억하는 것이 이뿐일까? 매서운 눈빛, 강한 의지가 엿보이는 튀어나온 이마, 흐트러진 머리칼, 구김이 많은 간소한 회색 작업복 차림의 그녀는 자신의 결의를 확실히 보여 주려는 듯 팔짱을 낀 모습이다. 팔짱을 풀면 주먹으로 탁자를 내려칠 것만 같다.

그녀가 어떤 사람이었던가. 반항적인 23세의 교사 루이즈는 1853년 당시 교사 자격증 소지자에게는 의무이던 나폴레옹 3세에 대한 선서를 거부하고, 고향 오트마른과 파리에 '자유로운'—여학생과 남학생에게 동등하게 지식과 공정한 비판 정신을 가르친다는 점에서— 학교를 세운다. 그녀는 무정부주의 운동의 상징인 검은 깃발을 게양한 최초의 여성

이었다. '붉은 처녀', '방화하는 여자'라 불리던 그녀는 지칠 줄 모르는 노동 운동 전사이자, 물론 무정부주의자, 페미니스트이기도 했다.

그녀는 에밀 졸라가 묘사한 비참함, 그러나 소설에 등장하는 것이 아닌 변두리 노동자들의 삶 자체인 비참함에 저항하는 반란의 최전선에 있었다. 동시에 조르주 클레망소와의 정치적 대립을 넘어선 우정, 시에 대한 그녀의 애정, 서신을 교환하던 빅토르 위고와의 친분으로도 유명했다. 파리 코뮌 봉기 당시 부상자를 간호한 일 또한 언급해야 할 것이다. 눈앞에서 죽어 가는 동료들을 보며 '체리가 익어 갈 무렵, 유쾌한 나이팅게일과 개똥지빠귀'를 노래하는 미래를 위해 싸웠다. 몽마르트르 61보병연대 소총으로 무장한 군인 신분으로 그녀는 파리 코뮌 가담자들이 억류된 베르사유 근방의 사토리 감옥 기둥에서 사형 직전의 상황까지 갔다.

이런 힘은 어디에서 나온 것일까? 프랑스 내 200개에 가까운 학교가 루이즈의 이름을 사용한다. 르발루아 페레에 있는 파리 지하철 3호선 발리에 역은 그녀의 이름으로 역명을 바꾸었는데, 이는 매우 드문 사례다. 파리 지하철역 302개 중 6개 역만이 여성의 이름을 사용한다.

그녀의 이런 기질은 어디에서 비롯된 것일까? '피의 일주일'을 지나며 알자스로렌 지방을 빼앗기고, 파리 코뮌에게 한 국가의 약속도, 희망도 모두 잃어버렸지만 루이즈의 투쟁은 계속되었다. 어머니의 석방과 맞바꾸어 1873년 8월 24일 버지니아호號에 몸을 싣고 프랑스 땅을 떠나 뉴칼레도니아에서 2년간 유배 생활을 하면서도 그녀는 아무것도 포기하지 않는다. 불굴의 루이즈는 유형지에서 돌아오자마자 민중의 아이콘으로 투쟁을 재개하는데, 그 과정에서 격노한 한 미치광이가 쏜 총에 머리 부상을 입지만 목숨을 건진다. 이런 저항 정신의 원동력은 무엇일까? 그 자체로 한 편의 소설에 가까운, 그녀의 인생을 반영한 듯한 놀라운 유년 시절에서 그 답을 찾을 수 있을까? 그럴지도 모르겠다.

루이즈 미셸에 대해 더 알고 싶다면, 그녀가 쓴 책을 비롯해 그녀의 이야기를 다룬 책들을 읽어 보기 바란다. 솔베이그 안스팍이 연출한 실비 테스튀 주연의 영화 「반역자 루이즈 미셸」(2009) 또한 좋은 참고 자료다.

Catherine Duchemin Girardon Dorothée Massé Godequin

아카데미의
좁은 문이
열릴 때

카트린 뒤슈맹 지라르동(1630-1698, 프랑스)
아카데미에 입회한 최초의 여성 화가(1663)
도로테 마세 고드캥(17세기 말, 프랑스)
아카데미에 입회한 최초의 여성 조각가(1680)

1663년은 여성 화가들에게 뜻깊은 해다. 그해 1월, 루브르궁 연회에서 몰리에르의 「아내들의 학교」가 무대에 오르고, 2월 8일 루이 14세와 콜베르에 의해 왕립 회화조각 아카데미가 재정립된다. 그리고 4월 14일 카트린 뒤슈맹 지라르동이 아카데미에 입회하면서 최초의 여성 회원이 나왔다.(120쪽 참조) '성별에 상관없이 (…) 예술 분야에서 뛰어난 모든 이에게 은혜를 베푼다'는 루이 14세의 의도가 그대로 이행된 것이다. 1648년 설립 이래 왕립 회화조각 아카데미의 수장을 맡아 온 화가 샤를 르브룅은 이렇듯 아카데미 프랑세즈와 달리 재능 있는 여성들의 입회를 거부하지 않았다.

일반적으로 아카데미의 '여성 회원'은 카트린의 경우처럼 예술가의 딸이거나 아내였다. 루브르 박물관 큐레이터 엘렌 마이어는, 그럼에도 예술에 있어 성 구분은 지속되었음을 지적한다. '남성이 정복이나 전쟁, 역사적 사건, 고통과 죽음을 다룰 때, 여성은 애수가 담긴 눈물, 일상생활, 예쁜 것, 귀여운 것, 가족과 모성의 사명을 그리도록 구분'돼 있었던 것이다.

우리 '최초의 여성'의 아카데미 활동 기간은 길지 않았다. 모성이 예술가로서의 작품 활동을 이긴 것이리라. 현재 카트린의 작품 대부분이 소실되었으나, 샹베리 소재 보자르 박물관에서 정물화 한 점을 볼 수 있다. 파리 11구 생 베르나르 가에 있는 생트 마르그리트 교회에는 루이 14세 왕정 조각가인 남편 프랑수아 지라르동이 재단한 그녀의 묘비가 안치돼 있다. 카트린 이후 세밀화가 안르네 스트레조와 카트린 페로, 그리고 화가 엘리자베트 소피 셰롱이 아카데미 여성 회원이 된다.

세밀화가 스트레조는 현재의 트로카데로 자리에 있던 성모 방문회 샤이요 수녀원에서 수녀가 되었다. 그녀의 종교화 중 일부는 파리 시청 고문서관에 보관돼 있다. 페로는 마리루이즈 도를레앙 스페인 왕비를 가르쳤으며, 니콜라 로베르와 프랑스 국립자연사박물관을 위한 과슈를 제작하기도 했다. 셰롱은 24세에 아카데미 회원으로 선출되는데, 역시 르브룅의 결정이었다. 그녀의 초상화들 중 일부가 루브르 박물관, 샹티이 소재 콩데 미술관, 렌 시립미술관에 소장돼 있다.

그리고 40년이 흘러 1720년이 되어서야 아카데미는 또 다른 여성 회원을 맞아들인다. 이탈리아인이었다. 18세기의 가장 유명한 여성 화가 중 한 명인 로살바 카리에라. 이 베네치아 출신 화가 덕분에, 모두가 아는 여성 고유의 섬세함에 제대로 부합하는 파스텔화가 유행하기 시작한다.

한 세기 반 만에, 즉 1793년까지 열다섯 명의 여성 아카데미 회원이 나온다. 그중에는 세밀화가 마리테레즈 르불과 현재 파리 에콜 데 보자

르에 걸려 있는 「술 마시는 남자」의 작가 프러시아 출신 안나 도로테아 테르부슈가 있다. 또 화가 조제프 마리 비앙, 모리스 캉탱 드 라투르와 함께 배우고, 조각가 장바티스트 피갈의 초상화(현 루브르 박물관 소장)를 비롯한 파스텔 초상화로 유명한 마리쉬잔 로슬랭과 금은세공사의 딸이자 왕실 식물원 화가 마들렌 프랑수아즈 바스포르트의 제자인 안 발레이에 코스테, 이 두 파리 출신 화가도 회원이었다. 아카데미 내 여성의 지위 향상을 위해 싸운 아델라이드 라빌 기아르와 왕비 마리 앙투아네트의 전담 화가 엘리자베트 비제 르브룅 역시 빼놓을 수 없다. 도로테 마세는 1680년 11월 23일 최초의 여성 조각가 회원이 된다. 마찬가지로 르브룅의 추천이었다.

Caroline Lucretia Herschel
Annie Jump Cannon

별을
찾아서

카롤리네 루크레티아 허셜(1750-1848, 독일)
최초의 여성 전문 천문학자(1783)
애니 점프 캐넌(1863-1941, 미국/캐나다)
항성 스펙트럼 분류법 확립(1901)

  머리카락 한 올 안 보이게 둘러쓴 두건, 목을 완전히 덮는 깃과 깃 주름 장식이 달린 어두운 색의 헐렁한 벨벳 드레스. 카롤리네 루크레티아 허셜의 초상화에서 그녀가 18세기 중반 프리드리히 2세 치하 독일의 천문학자였음을 상상하기는 쉽지 않다. 하지만 그녀는 천문학자였다. 프랑스 백과전서파에 영감을 받은 프로이센 왕은 '계몽 군주'가 되고자 했다. 그렇긴 해도 그 시대에 세 개의 성운과 여덟 개의 혜성 발견이라니, 요샛말로 '폼 나는 일' 아닌가. 또한 33세의 나이에 영국 조지 3세로부터 연봉 50파운드를, 말년에는 두 개의 금메달을 받는데, 하나는 영국 왕립천문학회로부터, 다른 하나는 그녀의 과학적 업적을 치하하는 프로이센 프리드리히 빌헬름 4세에게서 받은 것이었다. 수준이 남다르다! 더욱이 과학 교육이 전무했던 시절에 말이다. 현재의 관점에서는 사실이 아닌 동화처럼 들릴 정도다. 하지만 실제로 일어났던 일이다.
  이런 운명은 일정 부분 열두 살 위인 그녀의 오빠 윌리엄 덕분이기도

하다. 만약 영국으로 이민 간 그가 배스Bath에 그녀를 '초대'하지 않았다면 어떻게 되었을까? 그녀는 아마도 고향 하노버에서 음악가와 가수로서 경력을 이어 나가지 않았을까? 마찬가지로 음악가이자 작곡가인 윌리엄은 다행스럽게도 천문학에 흠뻑 빠져 있었으며 자신을 도와줄 사람이 필요했다. 그는 1781년 천왕성을 발견함으로써 조지 3세를 보필하는 천문학자가 된다. 이런 상황은 오빠의 일손을 돕고 집안일을 해주던 카롤리네의 운명을 바꾸는데, 결과적으로 그녀 역시 전문 천문학자의 길을 걷기에 이른다.

성홍열 후유증으로 부분청각장애를 갖게 된 수줍음 많은 애니 점프 캐넌. 천문학을 공부한 웰즐리 대학 은사의 도움이 없었다면 그녀의 삶 또한 다른 결말을 맞았으리라. 애니가 중단한 연구를 재개하고 분광학 수업을 들을 수 있게 해줌으로써 옛 스승은 그녀에게 또 다른 은하계의 문을 열어 준다. 이후 그녀는 하버드 대학교 천문대 책임자인 에드워드 피커링의 조수 팀에 합류하게 되고, 그곳에서 헨리 드레이퍼 항성목록 분류에 배정된다. 드레이퍼는 30만 개에 달하는 항성을 발견하고 이 항성들을 항성 스펙트럼에 따라 분류한 항성목록을 만든 사람으로, 이 항성목록은 오늘날 전 세계에서 사용되고 있다.

애니의 눈부신 40년간의 업적은 옥스퍼드 대학 명예박사 학위로 보상받았다. 하지만 1938년이 돼서야 그녀는 하버드대 천문학 교수직을 따낼 수 있었다. 그녀와 함께 연구를 이어 간 동료인 세실리아 페인은 후에 항성을 구성하는 핵심 성분은 수소와 헬륨이라는 사실을 발견한다.

1970년대. 천문학자 헬렌 소여 호그는 2천여 개가 넘는 변광성을 헤아리고 연구하는 것과 더불어 자신의 캐나다 TV 프로그램도 진행한다. 유명한 천체물리학자 위베르 리브스는 1988년 캐나다의 천문학 대중화에 크게 기여한 그녀의 이름을 딴 세 번째 회의에 참가했다. 두말할 것도 없이 이 여성들은 스타다!

모든 게
작은 불편에서
시작되었다

조세핀 게리스 코크란(1839–1913, 미국) 식기세척기 발명(1886)

조세핀이 특히 좋아한 것은 손님을 집에 초대하는 일이었다. 그녀는 어느 날 자신의 아름다운 17세기 자기 세트의 이가 빠지기 시작한 것을 발견하는데, 그녀로서는 그대로 둘 수 없는 일이었다. 그리고 떠올린 것이 그릇에 충격을 가하지 않으며, 적절하게 물을 분사해 세정제로 깨끗이 씻어 주는 설거지 기계였다. 증기선을 발명한 할아버지, 엔지니어 아버지의 피가 그녀에게도 흐르지 않는가. 남편 사망 후 큰 빚을 떠안은 조세핀은 이 설거지 기계가 돈을 좀 벌어다 주지 않을까 싶었다. 누가 알겠는가? 아무튼 그녀는 자신의 꿈의 기계를 위해 집 뒤편에 있는 헛간을 작업실로 삼는다.

그녀는 먼저 접시, 컵 받침, 찻잔, 포크, 나이프 등의 크기를 일일이 측정한 다음, 해당 용품이 모두 들어갈 수 있는 선반을 만들었다. 그리고 선반 밑에 수평으로 움직이는 바퀴를 달아 구리 온수 탱크 안에 설치했다. 바퀴는 모터로 돌아가고 기계 바닥에서 비눗물이 분사되면 그릇들 위로

물이 흐르면서 헹궈 내는 방식이었다. 그녀가 도움을 청한 정비공 조지 버터스는 그녀의 첫 번째 직원이 된다.

처음에 조세핀은 친구들을 위해 자신의 발명품을 몇 대 만드는데, 친구들은 '코크란 세척기'라 부르며 뜨거운 반응을 보였다. 이 혁신적인 제품은 곧 입소문을 타고 빠르게 알려진다. 세척기로 이익을 낼 수 있겠다고 믿은 그녀는 1886년 특허를 출원하고 게리스 코크란 제조회사Garis-Cochran Manufacturing Company를 설립해 산업화된 방식으로 세척기 제작에 돌입한다.

그리고 떠올린 것이 그릇에 충격을 가하지 않으며, 적절하게 물을 분사해 세정제로 깨끗이 씻어 주는 설거지 기계였다.

1893년 시카고 만국박람회에서 전시관과 식당에 설치된 조세핀의 세척기는 사람들의 관심을 끌었고 상까지 받는다. 1913년 그녀의 사망 후 승승장구하던 회사는 1940년 키친에이드KitchenAid에 인수되는데, 키친에이드는 훗날 다국적 가전 기업 월풀Whirlpool의 계열사가 된다. 이후의 전개는 우리가 알고 있는 대로다.

Betty Nesmith Graham

지우기보다
덮어씌우기

베티 네스미스 그레이엄(1924-1980, 미국) 수정액 발명(1956)

텍사스 뱅크 앤 트러스트Texas Bank and Trust사에서 일할 때, 베티 네스미스 그레이엄은 모범적인 비서는 아니었다. 전자 타자기를 두드리면서 얼마나 많은 실수를 했는지 모른다. 키보드가 아직 컴퓨터에 연결되기 전인 1950년대의 이야기다. 오타를 지우는 일은 힘든 작업이었다. 하지만 머리를 쓸 줄 알았던 베티. 조금이라도 더 벌기 위해, 그녀는 고객에게 전달할 정보를 은행 창문에 적어 둔다. 그러다 종이 위의 오타를 힘들게 지우개로 지울 게 아니라 실수를 가리는 제품을 쓰는 게 훨씬 편리하겠다는 착안에 이른다.

베티는 유리창에 글자를 쓰려고 사용한 방식과 똑같은 재료, 기술을 활용한다. 바로 색소, 물, 전분, 고무풀 또는 주로 사용하던 계란노른자를 사용하는 것. 그리고 만들어 낸 제품을 아들의 화학 선생님의 도움으로 개선한다. 그녀는 주방용 믹서로 재료 전부를 섞은 다음 그 액체에 '미스테이크 아웃Mistake out'이라는 이름을 붙인다. 가느다란 붓이 달

린 작은 매니큐어 병에 담긴 이 액체는 사무실의 경이라 부를 만했다. 더 이상 오타는 없다!

영리하면서도 이타적인 베티는 자신이 만든 제품을 동료들에게 선물했고 그들은 이 발명품에 매료되었다. 이 듬해 미스테이크 아웃 컴퍼니Mistake out Company를 설립한 그녀는 계속해서 이 작은 병을 제조해 매달 100여 개씩 판매한다. 하지만 제품에 너무 신경을 쏟은 나머지 타자기로 서신을 작성하다가 실수로 일하는 은행이 아닌 자신의 회사 이름을 써넣는 바람에 해고되고 만다. 큰일은 아니었다. 사업이 잘 풀렸기 때문이다. 베티는 특허 출원 후 제품명을 '리퀴드 페이퍼Liquid Paper'로 바꾸고 잡지 광고로 제품을 홍보한다.

얼마 지나지 않아 대기업에서 주문이 들어오기 시작했다. 밀려드는 수요에 부응하려면 사업 확장이 필요했다. 베티는 부엌에서 나와 카라반에서, 이후 방 네 개짜리 집에서 제품을 만들었다. 1968년 마침내 댈러스에 공장을 설립하고, 불과 10년 만에 자동화 시스템을 구축하기에 이른다. 200명 이상이 일하는 공장에서 연간 2천500만 병을 생산했다. 텍사스 뱅크 앤 트러스트에서의 실수가 돈이 된 셈이다! 그녀는 1979년 회사를 질레트사에 4,750만 달러에 매각하는데, 안타깝게도 이 큰돈을 거의 쓰지 못했다. 그로부터 6개월 후 세상을 떠났기 때문이다.

베티는 특허 출원 후 제품명을 '리퀴드 페이퍼'로 바꾸고 잡지 광고로 제품을 홍보한다. 얼마 지나지 않아 대기업에서 주문이 들어오기 시작했다.

Grace Murray Hopper

프로그래밍언어의
할머니

그레이스 머레이 호퍼(1906-1992, 미국) 최초의 여성 컴퓨터학자(1950)

스티브 잡스와 빌 게이츠가 IT 분야의 시작이자 끝은 아니다. 우리의 소중한 노트북과 스마트폰이 세상의 빛을 보게 된 것이야 두 선구자들 덕분이지만, 이들의 업적 역시 많은 부분 오늘날 제대로 평가받지 못하고 있는 한 여성, 그레이스 호퍼 덕분이었다.

수학 박사 학위 취득 후 1943년 미 해군에 입대한 이 투지 넘치는 여성은, 1950년에 최초의 컴파일러를 발명했다. 컴파일러란 컴퓨터로 실행 가능한 프로그램을 만들기 위해 구축하는 시스템을 말한다. 이게 다가 아니다. 그레이스는 1949년 최초의 상업용 컴퓨터를 개발한 부서에 속한 유일한 여성이었다. 이후 IBM에 입사해 1959년 코볼Cobol 언어를 고안한다. 'Common Business Oriented Language'의 약어인 코볼은, 다시 말해 '비즈니스를 위한 일상 언어'다. 영어에 기반한 이 단순하고 효율적인 프로그래밍언어는 1960년대부터 은행, 보험사, 항공사, 국세청 등에서 사용돼 왔다. 현재도 널리 쓰인다. 현금인출기의 70퍼센트,

기업 활동의 60퍼센트 이상이 코볼 시스템에 기대고 있기 때문이다. 따라서 우리는 '코볼의 할머니'라 불리는 그레이스에게 감사해야 할 터. 이 열렬한 여성운동가는 1992년 사망할 때까지 정보산업 분야에서 외부 컨설턴트로 활동하며 일을 멈추지 않았다.

오늘날 그녀의 업적에 수여된 훈장과 메달은 셀 수 없을 정도다. 전 세계가 그녀에게 경의를 표하고 있다. 그녀의 이름이 붙은 장소도 많다. 예술, 인문, 과학 분야에서 뛰어난 성취를 이룬 미국 여성들을 기리는, 국립 여성 명예의 전당에 그레이스 머레이 호퍼의 이름이 올라 있다. 또 프랑스 에콜 폴리테크니크 컴퓨터 연구소에 그녀의 이름을 딴 연구실이, 파리 13구에는 그레이스 머레이 호퍼 광장이 있을 정도다. 광장 가까이에 이상적이게도 자비에 니엘이 2017년 프레시네Freyssinet 건물 안에서 시작한 스타트업 인큐베이터 'Station F'가 자리하고 있다.

> 오늘날 그녀의 업적에 수여된 훈장과 메달은 셀 수 없을 정도다. 전 세계가 그녀에게 경의를 표하고 있다.

Elizabeth Magie

제 주인을
찾은
모노폴리

엘리자베스 매기(1866-1948, 미국) 모노폴리 게임 개발(1904)

만약 엘리자베스 매기가 되살아나 자신이 고안한 모노폴리가 처한 상황을 보게 된다면 화를 내고도 남을 것이다. 그녀는 현재 우리가 알고 있는 의도로 이 보드게임을 만든 게 전혀 아니기 때문이다.

모노폴리는 자본주의 사회의 축소판이다. 주사위가 던져질 때마다 우리는 부자가 되거나 가난해진다. 반면 엘리자베스가 1904년 특허를 낸 보드게임 '지주게임Landlord's Game'은 경제 및 금융 독점에 기댄 체제의 반사회적인 면을 드러내려는 목적으로 만들어졌다. 반항적 기질이 다분한 속기사 엘리자베스가 경제학자 헨리 조지로부터 영감을 얻은 것은 사실. 이 경제학자는 자신의 책 『진보와 빈곤』에서 지주의 권력을 제한하는 방법에 대해 설명한 바 있다. 거리와 건축물을 사고파는 그녀의 게임은 대학 캠퍼스에서, 또 좌파 지식인들과 퀘이커 교도들 사이에서 널리 퍼져 나간다.

1929년의 대공황 이후 일자리를 잃은 엔지니어 찰스 대로. 퀘이커

교도인 그는 지주게임을 살짝 변형해 모노폴리를 탄생시킨다. 모노폴리는 한마디로 요약해 한쪽이 부자가 되는 과정에서 가난해진 상대편을 짓밟으며 즐기는 게임이다. 찰스는 보드게임 제작 전문 회사인 파커 브라더스Parker Brothers에 모노폴리 출시를 제안해 백만장자가 되었다. 그 과정에서 파커 브라더스는 엘리자베스의 특허를 헐값(로열티 없이 500달러)에 사들이고, 게임 개발자를 엔지니어 찰스 대로라고 명시한다. 보나 마나 엔지니어 출신 개발자 쪽이 보잘것없는 속기사보다는 그들의 허영심(그리고 남성 우월적 사고) 충족에 적합했기 때문이리라. 결과적으로 시장에 나온 게임은 원래의 개발 의도와는 전혀 다른 것이 되었다.

그렇게 40년이 흘러 1970년대가 되고, 샌프란시스코에서 경제학을 가르치는 랄프 안스팍이라는 사람이 게임 원작자의 존재를 알게 되는데, 반反모노폴리 게임을 만들기도 한 그는 파커 브라더스를 인수한 해즈브로사社를 상대로 소송을 제기하기에 이른다. 그리고 랄프 교수는 미국 연방대법원에서 승소한다. 이로써 게임을 세상에 내놓은 진짜 주인이 밝혀졌으나, 안타깝게도 당사자는 이를 알 길이 없으니…….

엘리자베스가 1904년 특허를 낸 보드게임 '지주게임'은 경제 및 금융 독점에 기댄 체제의 반사회적인 면을 드러내려는 목적으로 만들어졌다.

Edmée Chandon

탑
위에서

에드메 샹동(1885-1944, 프랑스) 프랑스 최초의 여성 천문학자(1912)

파리 천문대에 여자가 있다? 이제껏 없었던 일이다! 그 영광은 에드메 샹동에게 돌아갔는데, 그녀는 1930년 프랑스 여성 최초로 수리학 박사 학위를 받은 인물이기도 하다.

에드메는 수학 교수 자격시험에 합격하기 무섭게 1908년 천문대에 수습 자격으로 들어가, 이후 천문대 자문위원회의 만장일치 추천으로 1912년 3월 1일부로 천문학 조수가 된다. 일간지 『로로르L'Aurore』는 이 소식을 '페미니스트의 승리'라 전하기도 했다. 어떤 일을 했을까? 그녀는 표준시간 담당이었는데, 이는 천문대의 기본 임무 중 하나였다. 그녀는 시계를 조정하고, 파리 표준시를 정하고, 에펠탑에서 프랑스 본토와 식민지 전역에 무선전신으로 시각을 전송하는 세 가지 업무를 수행했다.

1차 세계대전이 터진 1914년, 파리 천문대는 표준시 부서를 리옹으로 옮긴다. 에드메는 1919년까지 해당 부서에서 일했다. 1930년 논문이 통과해 수리학 박사 학위를 받지만 교수 임용으로는 이어지지 못한다.

> 수리학 박사 학위를 받지만 교수 임용으로는 이어지지 못한다. 교수 자격 부여는 과학 아카데미 권한으로, 당시 과학 아카데미는 여성을 받아들이지 않은 데다 페미니스트가 아직 등장하기 전이었음을 상기하자.

교수 자격 부여는 과학 아카데미 권한으로, 당시 과학 아카데미는 여성을 받아들이지 않은 데다 페미니스트가 아직 등장하기 전이었음을 상기하자. 그럼에도 불구하고 그녀는 1935년 엔지니어이자 지리학자인 앙드레 구겐하임과 함께 천체 측정 도구에 관한 책을 펴냈으며, 이 책은 1960년대까지 해당 분야 대표 저작으로 간주되었다.

비시 정부 시절 그녀는 더는 기회를 잡을 수 없었다. 정부가 1940년 10월 국가기관의 기혼 여성 채용을 막고 50세 이상 기혼 여성에게 은퇴를 종용했기 때문이다. 따라서 55세의 에드메는 일을 그만둬야 했다. 하지만 2년 뒤 그녀의 재능을 필요로 한 천문대의 요청으로 돌아온다. 결과는 복직이었으나 일부 남성 우월주의자 동료들은 그녀가 무려 30년을 훌륭히 맡아 온 자리를 차지하지 못하게 막았다.

피니스테르 주 길레르 시에는 그녀의 이름을 딴 거리가 있으며 낭트 시는 광장 하나에 그녀의 이름을 붙였다. 사람들은 잘 모르지만, 낭트 중심부에 위치한 이 작은 광장은 이름이 없었다. 광장에서 행사를 조직하던 상인들에게는 문제였다. 정확한 주소 없이 어떻게 시민들을 행사에 초대하겠는가. 시의회는 2019년 이 광장에 프랑스 최초의 여성 천문학자 이름을 붙이기로 한다. 사람들이 거리와 건물 이름이 여성화되어가는 것을 유감스럽게 생각할 것 같지만, 오히려 그 반대다. 가끔 괴상한 이름을 거리에서 보게 되기는 하지만 말이다.

Édith Cresson

정치하는 여자가 가는 길

에디트 크레송(1934–, 프랑스) 프랑스 최초의 여성 총리(1991)

1954년 파리 여자고등상업학교—당시 프랑스에서 남녀공학인 곳은 유치원이 유일했다—를 졸업한 에디트 크레송은 인구학으로 박사 학위를 취득한다. 그녀는 석학이자 수상이 된 여성 정치인이다. 10년이 흐른 뒤 에디트는 프랑수아 미테랑의 첫 선거 캠페인에 참여한다. 이후 사회당에 입당해 1974년 청소년 및 대학생을 담당하는 비서관으로 일한다. 그리고 1977년 프랑스 중서부 샤텔로 인근 마을인 튀레의 시장으로 선출된다.

정치권의 인정을 받은 그녀는 총리공관에 입성하기 전까지 총 네 차례 장관직을 수행한다. 첫 번째는 1981년으로, 최초의 여성 농림부 장관이었다. 많은 농부들이 이를 못마땅하게 여겼는데, 그녀의 첫 방문에 '에디트, 당신이 장관으로서보다 침대에서 더 낫기를 바란다'고 쓴 현수막을 꺼내 들기까지 했다. 그녀는 이렇게 응수했다. "마침 제가 농림부 장관이라 잘됐네요. 돼지를 상대하는 게 제 일인 만큼 같은 기준으로 당신들을 돌보면 되니까요." 그녀는 이후 대외무역 및 관광부, 산업 재편 및 대외무역부, 유럽부 장관을 역임한다.

그리고 마침내 1991년 프랑수아 미테랑의 두 번째 임기에서 총리가 된다. 미테랑 정부에는 그녀 말고도 노동부의 마르틴 오브리를 포함해 여섯 명의 여성이 있었다. 하지만 그녀의 임기는 10개월 만에 끝난다. 그 기간 동안 그녀는 정치계의 성차별주의에 부딪히는데, 그뿐만이 아

> 정치권의 인정을 받은 그녀는
> 총리공관에 입성하기 전까지
> 총 네 차례 장관직을 수행한다.

니었다. 거리낌 없이 말을 내뱉는 그녀가 특히 「베베트쇼Bébête show」를 비판할 때면 더욱 신랄해진 것도 있었다. 「베베트쇼」는 당대 정치인들을 꽤 비슷하게 희화화한 인형극을 보여 주는 유명한 풍자 TV쇼였으니. '디디 라테뉴Didi Lateigne'(곡식좀나방을 뜻하는 teigne는 '고약한 사람'을 비유적으로 가리키는 표현이기도 하다-옮긴이)라는 새 이름이 생겨날 만했다.

1992년 4월 사임한 에디트 크레송은 유럽위원회에서 정치 경력을 이어 나간다. 그녀가 1995년 선보인 '두 번째 기회의 학교' 프로젝트는 그간의 활동 중 가장 긍정적인 평가를 받았으며, 현재까지도 제대로 기능하고 있다. 프랑스 내 130곳에 달하는 이 학교는 중퇴한 18세에서 25세까지의 청년들에게 교육 이수나 취업 기회를 제공한다. 그중 2004년 설립된 학교에서는 2019년 1만5천 명이 넘는 젊은이들에게 재도약의 발판을 마련해 주었다. 사람들은 더는 비웃지 않는다. 이들 가운데 63퍼센트가 기술 훈련을 받거나 수습 계약이나 고용 계약을 맺은 뒤 학교를 떠났기 때문이다. 에디트의 정치 행보는 그녀가 유럽위원회를 떠

나던 1999년 마무리된다. 현재 그녀는 두 번째 기회의 학교를 위한 재
단의 대표를 맡고 있다. 오늘날까지도 프랑스 최초의 여성 총리인 그녀
는 2021년 1월 87세를 맞았다.

Phoolan Deri

불나방의
삶

풀란 데비(1963-2001, 인도)
인도 최초의 천민 계급 출신 여성 국회의원(1996)

『밴디트 퀸』이라는 소설과 만화, 소설을 각색한 발리우드 영화는 믿기힘든 이야기를 들려주는데, 이는 실화에 기반한 것이다. 갱단의 여성 두목이 인도 국회의원이 되었다! 그녀는 최초의 천민 계급 출신 여성 의원이기도 하다. 물론 여성 정치인으로서는 인디라 간디가 앞서지만 신분이달랐다. 아무튼 그녀, 풀란 데비는 소외된 카스트 계급 여성들에게 처음으로 정치의 길을 열어 준 인물이자 억압받는 자들을 대변한 영웅이었다.

작은 어촌에서 태어난 풀란은 열한 살 때 자신의 오빠보다 세 배나나이가 많은 남자와 강요에 의해 결혼한다. 하지만 남편이 폭행과 강간을 일삼고 음식조차 제대로 주지 않자 어린 풀란은 남편에게서 도망쳐부모님에게 돌아간다. 그러나 그녀를 기다리고 있는 것은 남편을 떠난여자라는 불명예뿐. 1970년대 인도 시골에서는 당연한 일이었다.

사춘기가 된 풀란은 다코이트 갱단에 납치되는데, 이들은 토지를 빼앗긴 농부들로 구성된 무장 집단이었다. 또다시 풀란은 이들에게 성적

학대를 당한다. 그러던 어느 날, 그녀를 뒤쫓던 갱단 두목이 부하 한 명에게 살해당하는 일이 생긴다. 비크람이라는 이름의 그는 그녀를 보호해 주었다. 이후 두 사람은 결혼해 갱단을 이끌며 마을을 약탈하고 부자들의 금품을 탈취하며 살아간다. 그러다 남편마저 살해당하자 '밴디트 퀸'은 복수를 위해 새로운 갱단을 결성하기에 이른다.

청바지에, 붉은 스카프를 머리에 두르고 마우저 소총을 손에 든 '인도의 로빈 후드' 풀란은 민중의 영웅으로 거듭난다. 하지만 자신의 갱단과 함께 카스트 최상 계급에 속하는 타쿠르인 스물두 명을 학살한 이후로 권력층에게는 공공의 적이 된다. 2년간 쫓기다 쇠약해진 그녀는 결국 자수하고 11년 동안 수감되었다. 출소 후 카스트 제도를 거부하는 의미로 불교로 개종했으며, 곧 정치판에 뛰어든다. 1996년 사회당에 입당한 풀란은 마침내 국회의원 선거에 출마한다. 그녀가 내세운 정책은 무엇일까? 뚜렷한 한 가지가 있었으니, 바로 여성과 카스트 하위 계급의 권리를 보호하는 것. 이 전략은 먹혔고 그녀는 당선된다. 비록 이듬해 선거에서는 낙선하지만, 1999년 재선에 성공한다. 그러나 그녀에게 앙심을 품은 타쿠르인들의 추적을 막지는 못했다. 경찰의 호위를 받았음에도 풀란은 갱단을 이끌던 시절 그녀가 죽인 이들의 복수를 위해 찾아온 한 남성에 의해 2001년 7월 뉴델리에서 살해당한다.

풀란 데비는 소외된 카스트 계급 여성들에게 처음으로 정치의 길을 열어 준 인물이자 억압받는 자들을 대변한 영웅이었다.

Isadora Duncan

맨발의
이사도라

이사도라 던컨(1877–1927, 미국) 현대무용의 토대를 세운 무용수(1903년)

이사도라 던컨은 아주 어려서부터 무용을 사랑했다. 옷이나 신발을 걸치는 것을 못 견디던 소녀는 보는 눈이 없을 때면 바닷가에서 옷을 다 벗은 채로 춤을 췄다. 파도의 움직임에서 영감을 얻었고 자유롭고 즉흥적인 춤에 눈을 떴다. 열두 살 때 부모님이 이혼하면서 이사도라는 엄마와 세 명의 형제와 함께 샌프란시스코를 떠나 오클랜드로 간다. 그곳에서 그녀는 가계에 보탬이 되고자 학교를 그만두고 언니와 함께 동네 아이들에게 무용을 가르친다.

어떤 춤이었을까? 틀에 박힌 무용과는 거리가 멀었다! 이사도라는 튀튀(발레용 스커트), 코르셋, 토슈즈를 벗어 던지면서 관습을 깬다. 그리스 신화에서 영감을 받은 그녀는, 하늘거리는 긴 치마, 맨발, 흐트러진 머리, 화장하지 않은 얼굴로 감각적인 실루엣과 소용돌이치는 몸짓을 이용해 자유로운 안무를 즉흥적으로 만들어 냈다.

1899년 이사도라는 유럽으로 건너간다. 먼저 런던에, 그다음 파리로

갔다. 파리에서는 1903년부터 독무에 열정을 쏟으며 열광적인 반응을 이끌어 낸다. 부분적으로는 성공한 무용가이자 안무가인 로이 풀러 덕분이었다. 로이는 동료이자 경쟁자로 이사도라를 도왔으나 그녀 때문에 빠르게 정상에서 밀려 났다.

이사도라의 몸매는 앙드레 뒤누아이에 드 스공작, 앙투안 부르델, 오귀스트 로댕을 비롯한 수많은 화가와 조각가에게 영감을 주기도 했다.

무대 위의 모습을 통해 전적으로 자유로운 영혼이라는 후광을 입게 된 그녀였지만, 개인사는 끔찍한 사건들로 가득했다. 그녀가 혼외로 낳은, 아버지가 다른 두 아이는 1913년 센 강변을 달리다 강으로 떨어진 차 안에서 보모와 함께 죽었다. 8년 뒤 신생 소련 문화위원의 초청을 받아 방문한 모스크바에 무용 학교를 세우는 이사도라. 그곳에서 시인 세르게이 예세닌을 만나 결혼하지만, 얼마 못 가 알코올중독과 폭력성을 드러낸 세르게이로 인해 짧은 결혼 생활은 막을 내린다.

그리스 신화에 영감을 받은 그녀는, 하늘거리는 긴 치마, 맨발, 흐트러진 머리, 화장하지 않은 얼굴로 감각적인 실루엣과 소용돌이치는 몸짓을 이용해 자유로운 안무를 즉흥적으로 만들어 냈다.

미국에서 마지막 순회공연을 마치고 이사도라는 니스에 정착한다. 이제 그녀 나이 쉰, 더는 춤을 출 수 없었다. 그래도 자신이 현대무용의 원류라 할 유럽 근대무용의 토대를 마련하고 무용계에 새바람을 일으켰다는 사실을 그녀는 자랑스럽게 여겨도 된다. 한데 그녀가 충분히 누려 마땅한 은퇴 무렵 발생한 사건이 안타깝게도 오늘날 우리가 그녀에 대해 가장 잘 알고 있는 이야기다.

그녀는 차 안에서 사망하는데, 목에 두른 스카프가 자동차 바퀴에 말려 들어 가면서 목이 졸린 것이 원인이었다. 프롬나드 데 장글레(영국인의 산책로라는 뜻으로, 니스 해변을 따라 이어지는 거리 이름-옮긴이) 근처의 한 거리에는 이후 그녀의 이름이 붙었다.

Bertha von Suttner

평화여
오라!

베르타 폰 주트너(1843–1914, 오스트리아/헝가리)
최초의 여성 노벨 평화상 수상자(1905)

본명은 베르타 조피 펠리치타스, 킨스키 폰 브히니츠 운트 테타우 백작부인, 폰 주트너 남작부인이다. 길고도 긴 성을 가진 오스트리아 헝가리 제국 고위 귀족 출신인 이 여성은 눈에 띄지 않을 수가 없다.

그녀가 태어나기도 전에 세상을 떠난 아버지는 장군이었으며 할아버지는 기병대 대위였다. 즉 베르타는 오스트리아 헝가리 제국의 군인 집안에서 태어난 것이다. 전쟁과 관련된 것은 자라는 동안 늘 듣는 이야기였다.

어머니가 노름으로 재산을 탕진해 무일푼이 된 서른 살의 베르타는 폰 주트너 남작 집안에 가정교사로 들어가 언어와 음악을 가르친다. 그러다 폰 주트너의 아들 아르투어와 사랑에 빠지고, 3년 후 비밀 결혼에 이른다. 그녀는 그사이 알프레드 노벨이 파리에 체류 중이던 1876년 그의 비서로 잠시 일하기도 한다. 노벨과는 이후로도 친구 관계를 유지했으며 그가 사망할 때까지 서신을 주고받았다. 노벨상이 탄생하는 데 그

녀가 얼마간 일조했을는지도 모를 일이다.

아르투어와 베르타는 결혼하자마자 조지아로 향했다. 러시아 튀르크 전쟁(1877-1878)이 발발했을 때 두 사람은 저널리스트로서 활동하기 시작한다. 결과는 성공적이었다.

베르타가 특출한 재능을 보인 주제는 반전론인데, 군인 집안에서 성장한 배경이 그녀로 하여금 평화를 열렬히 갈망하게 만든 것이었다.

빈으로 돌아온 베르타는 전쟁에 맞서 싸우겠다는 간절한 바람을 반전소설을 써보자는 생각으로 발전시킨다.

베르타가 특출한 재능을 보인 주제는 반전론인데, 군인 집안에서 성장한 배경이 그녀로 하여금 평화를 열렬히 갈망하게 만든 것이었다.

그 결과물인 1889년 출간된 그녀의 소설 『무기를 내려놓아라!』는 빠르게 세계적인 베스트셀러가 되었으며, 20세기 초에 무려 16개국의 언어로 번역된다. 전쟁의 잔혹함을 고발하는 에세이 한 편보다 나은 이 소설은 군인 집안에서 나고 자라 군인과 결혼한 한 여성이 겪는 네 차례의 전쟁과 끝내 배우자를 잃고 마는 이야기를 들려준다. 소설에는 앞선 시대의 그것에서는 볼 수 없었던 전쟁의 끔찍한 면모가 고스란히 드러나 있다.

그로부터 2년 후 베르타 폰 주트너는 오스트리아 평화주의단체를 창단하고, 사망할 때까지 의장직을 맡는다. 또한 다수의 국제 평화회의에 참여했다. 1904년 보스턴 세계평화회의에 참석했을 때는 반년가량 미국에 체류하면서 강연을 통해 여러 도시의 청중과 만났으며, 시어도어 루스벨트 대통령의 초청으로 백악관을 방문하기도 했다. 그리고 최상의 인정을 받는 순간이 마침내 찾아온다. 1905년 노벨 평화상을 수상한 것이다.

베르타는 1차 세계대전이 발발하기 몇 주 전 세상을 떠나며 주위를 안타깝게 했다. 하지만, 어쩌면 전쟁의 위험을 일찌감치 예감했는지도 모르겠다.

Elizabeth Blackwell

여성을 위한
의료

엘리자베스 블랙웰(1821-1910, 영국/미국) 의사로 일한 최초의 여성(1849)

엘리자베스가 열한 살 때 그녀의 가족은 영국을 떠나 아버지가 사탕수수 정제소를 차린 뉴욕에 정착한다. 퀘이커 교도인 그들은 모두가 평등과 노예제 폐지를 열렬히 지지했으며, 노예무역에 항의하고자 설탕 소비를 그만두기까지 했다. 심지어 엘리자베스는 노예제를 반대하는 지역에서 살기 위해 오하이오 주로 거주지를 옮긴다. 그녀와 여덟 형제는 이런 신념을 바탕으로 살아갔다.

신시내티에 정착하고 얼마 지나지 않아 아버지가 사망하자 가족은 경제적으로 불안정한 상태에 놓인다. 엘리자베스는 곧 켄터키 주의 작은 도시에서 교사 일자리를 구한다. 하지만 노예제가 여전히 맹위를 떨치는 켄터키에서 마음 편할 날이 없었던 그녀는 결국 신시내티로 돌아오고 만다. 이때 처음으로 의료 분야의 직업을 갖는 문제를 생각하게 되었다. 자궁암이 분명한 병으로 죽어 가는 친구를 보며 소명 의식이 발동한 것일 수도 있겠다. 친구는 엘리자베스에게 여성에게 치료받고 싶다

고 토로했다. 그 말이 잊히지 않았다. 낙태를 돕는 여성을 '여의사'보다는 '낙태 전문 산파'로 부르던 시절이었다. 그런 시대적 분위기에 반항심이 인 그녀는 의사가 되기로 결심한다.

학비를 벌기 위해 엘리자베스는 노스캐롤라이나 주로 건너가 존 딕슨 목사의 집에서 지내며 음악을 가르친다. 종교적 사명을 좇기 전 의사로 일한 딕슨 목사의 도움으로 그녀는 의대에 입학할 수 있었다. 쉽지 않은 여정이었음을 짐작할 수 있으리라. 생각해 보라. 그 당시 여성 의사는 존재하지 않았다. 하지만 그녀는 집요했으며 거듭된 거절을 넘어선 끝에 결국 뉴욕의 한 대학에 들어간다. 이름난 대학은 아니지만 무슨 상관이겠나? 교수와 학생 들은 그녀를 적대시했으나 엘리자베스는 1849년 1월 학교를 수석으로 졸업한다.

1851년 뉴욕으로 돌아와
서민 구역에 세운 의료 시설은
미국 최초의
여성 보건 진료소였다.

그녀는 미국뿐 아니라 전 세계 통틀어 의학 학위를 취득하고 실제 의사로 일한 최초의 여성이다. 1754년 독일의 도로테아 크리스티네 레포린이 할레 대학에서 의학 박사 학위를 취득하긴 했으나 그녀는 의사가 되지 않고 대학에 입학할 여성의 권리를 위해 헌신했기 때문이다. 또 레지나 폰 지볼트는 산과 면허를 취득해 개인 병원을 운영한 경우다.

미국으로 귀화했음에도 엘리자베스에게 보장된 것은 없었다. 미국의 모든 병원에서 거절당한 그녀는, 파리에 있는, 훗날 타르니에 병원(현 코쉘 병원)이 되는 산과 병원에서 간신히 첫발을 뗄 수 있었다. 1851년 뉴욕으로 돌아와 서민 구역에 세운 의료 시설은 미국 최초의 여성 보건 진료소였다. 그녀는 계속 나아간다. 런던에서 연수를 받은 뒤 1859년 영국에서 공식적으로 의사로 등록된 최초의 여성이 되었다. 이후 남북 전쟁이 터지자 미국으로 돌아오는데, 군진의학 강사가 되어 부상자 치료를 위한 간호사 교육에 힘쓴다. 그리고 차례차례 뉴욕과 런던에 학교를 설립한다. 엘리자베스 블랙웰은 1973년 국립 여성 명예의 전당에 헌정되었다. 그녀에게 걸맞은 대우가 아닌가!

베일을 쓴
교수님

베티시아 고차디니(1209–1261, 이탈리아) 최초의 여성 대학교수(13세기)

1906년 사고로 목숨을 잃은 남편을 대신해 소르본 대학의 교수가 된 마리 퀴리(74쪽 참조)는 어쩌면 최초의 여성 대학교수가 아닐 수도 있다. 최초는 그보다 7백 년가량 앞선 이탈리아의 베티시아 고차디니라는 여성일지도 모른다. 역사는 일단 그렇게 말한다. 이것은 역사일까, 신화일까? 왜냐하면 그녀를 둘러싼 신화에 가까운 이야기는 많아도 확인된 사실은 적기 때문이다. 그렇다면 역사(혹은 신화)가 우리에게 남기고자 했던 것을 따라가 보면 어떨까?

볼로냐 귀족 가문 출신인 베티시아는 재능이 출중한 학생으로 골치 아픈 일을 피하려고 남장을 하고 다녔다. 그녀는 모로코 페스의 알 카라윈 대학 다음으로 오래된 대학이라 간주되는 볼로냐 대학에서 철학과 법학을 공부한다. 그녀의 재능에 깊은 인상을 받은 교수들은 법학 박사 과정 진학을 독려하는데, 베티시아는 1236년 최고 점수를 받으며 박사 학위를 취득한다.

베티시아는 2년 동안 학생들을 자신의 집에서 가르쳤다. 13세기에는 흔한 일이었다. 하지만 학생 수가 점점 늘었고, 이에 엔리코 델라 프라타 주교가 대학 내에서 수업을 이어 가도록 그녀를 초청하기에 이른다. 이렇게 베티시아는 1239년 여성으로는 최초로 대학교수가 되었다. 그녀는 학생들의 집중력을 흐트러트리지 않으려 베일로 얼굴을 가린

그녀의 재능에 깊은 인상을 받은 교수들은 법학 박사 과정 진학을 독려하는데, 베티시아는 1236년 최고 점수를 받으며 박사 학위를 취득한다.

채 수업을 진행해야 했다고. 그녀로서는 강의실에 오랜 시간 갇혀 있기보다는 도시의 정원에서 수업을 하고 싶었으리라. 그녀를 교수로 임명한 엔리코 주교가 사망했을 때 장례식에서 추도사를 한 사람이 그녀였다. 그 시대에는 이례적인 일이었음에 틀림없다.

베티시아의 이야기는 그것이 실화든 신화든 간에 비극적인 결말을 맞는다. 그녀는 1261년 11월 폭우를 피하느라 학생들 몇과 피신해 있던 집이 무너지면서 레노 강의 지류인 이디체 천川에 휩쓸려 사망했다. 분명한 사실은 문제의 이디체 천이 현재까지도 주기적으로 범람한다는 점이다.

Lise Meitner

핵분열 뒤의
여인

리제 마이트너(1878–1968, 오스트리아) 핵분열 현상 발견(1938)

여학생은 열네 살이 되면 학업을 중단하던 시대에 자유주의 사상을 가진 아버지의 뒷받침으로 리제와 네 자매는 고등교육 과정까지 마친다. 리제 마이트너는 물리학 박사 학위 취득 후 양자물리학 창시자 막스 플랑크의 강의를 듣기 위해 베를린으로 향한다. 당시 독일 대학은 여성에게 열려 있지 않았으나 막스 플랑크는 예외적으로 리제를 받아 준다. 그녀는 곧 화학자 오토 한과 함께 연구소에서 일했고, 이후 막스 플랑크의 조수가 된다.

1917년 물리학부가 신설되고 관리를 맡은 리제의 지휘하에 선구적인 핵물리학 연구가 진행된다. 1934년부터 오토 한과 역시 화학자인 프리츠 슈트라스만이 '우라늄 프로젝트'에 참여해 그녀를 돕는다. 그리고 4년 후 핵분열 발견이라는 결실을 얻는다. 그러나 1933년 히틀러가 집권하면서 공직에 있는 유대인 과학자들은 해고되거나 사임을 요구받는다. 오스트리아계 유대인인 리제는 사립 재단 소속이었던 터라 아직은

대상자가 아니었다. 또 그녀와 같은 내로라하는 과학자들을 내쫓지는 못했다. 하지만 포위망은 점차 좁혀졌으며, 1938년 3월 나치 독일이 결국 오스트리아를 합병하면서 이러한 보호망은 사라지고 만다.

그녀는 피신해야 했다. 스웨덴으로 떠난 리제는 오토 한과 서신을 주고받으며 협업을 이어 나갔다. 두 사람은 심지어 새로운 연구를 계획하기 위해 비밀리에 코펜하겐에서 만나기도 했다. 한과 슈트라스만이 독일 과학 저널에 자신들의 연구 결과를 발표할 때는 정치적 상황을 이유로 리제의 이름을 넣지 않았다.

> 스물한 개나 되는 상훈을 받았음에도 리제는 여러 차례 후보자로 지명만 될 뿐 노벨 물리학상이나 화학상을 받지는 못했다.

스물한 개나 되는 상훈을 받았음에도 리제는 여러 차례 후보자로 지명만 될 뿐 노벨 물리학상이나 화학상을 받지는 못했다. 핵분열 발견에 있어 결정적인 역할을 한 인물은 그녀였으나, 해당 공로에 돌아간 노벨 화학상 수상자는 오토 한이었다. 리제 마이트너에게는 멸시의 상이리라.

쉽고 친절하게,
최대한
쓸모 있게

마리 뫼르드라크(1610?-1680?, 프랑스) 화학 개론 출판(1666)

공증인의 딸로 태어난 마리 뫼르드라크는 그로부아 성城(현 부아시 생 레제 소재)의 사령관인 비브락 혹은 브리세라는 남성과 혼인한 기록이 확인된다. 연구를 목적으로 자택에 시설을 갖춰 만든 실험실에서 화학과 약학을 공부한 마리는, 그로부아 백작부인의 격려에 힘입어 자신이 공부한 내용을 책으로 펴내기로 한다. 책의 제목은 『여성을 위한 쉽고 친절한 화학』.

비록 여성을 위한 실용서이긴 하나 여성이 쓴 최초의 화학 개론이다. 마리의 실험 과정을 따라가면 독자들은 건강과 아름다움에 유용한 제품을 스스로 만들 수 있었다. 책에는 증류나 발효와 같은 화학작용을 비롯해 약초, 동물성 및 광물성 물질을 이용한 치료법 그리고 '모발을 자라게 하는 크림'이나 '털을 제거하는 액체'와 같은 미용 제품 제조법까지 이해하기 쉽게 설명되어 있다. 그녀는 직접 제조한 약제, 진정제, 연고를 가난한 사람들에게 무상으로 나눠 주기도 했다.

사람들은 마리가 자신의 책에 M.M.이라는 이니셜만으로 서명한 이유를 궁금해했다. 책 출간을 놓고 오랫동안 주저하다 마침내 결심했을 때 그녀는 그 이유를 설명한다. "책을 내는 일은 여성에게 도움이 되지 않습니다. 남성들이 여성의 작품을 얕잡아 보기 때문입니다. 하지만 제가 감히 말하건대, 여성이 남성과 똑같은 교육을 받는다면, 여성의 교육에 남성과 같은 정도의 돈을 쓴다면, 그 결과는 남성의 그것과 다르지 않을 겁니다." 시대를 상당히 앞서 간 페미니스트가 아닌가.

> "제가 감히 말하건대, 여성이 남성과 똑같은 교육을 받는다면, 여성의 교육에 남성과 같은 정도의 돈을 쓴다면, 그 결과는 남성의 그것과 다르지 않을 겁니다."

어쨌거나 책을 내기로 한 결정은 옳았다. 화학 개론이 대성공을 거두며, 프랑스에서 5쇄, 독일에서 6쇄를 거듭했으니! 프랑스 국립과학연구센터CNRS는 이 책의 재판 작업을 주기적으로 해왔다. 최신판이 2018년에 나왔으니, 무슨 말이 더 필요하겠나? 17세기 판 개론서는 파리 대학 웹 사이트에서 디지털 버전으로 열람이 가능하다. 또한 이 책이 1656년에 이미 파리 비예트 가(현 아쉬브 가)에서 판매되었다는 기록도 있다.

Madeleine Pelletier

때로는
과격함이
필요하다

마들렌 펠티에(1874–1939, 프랑스) 프랑스 최초의 여성 정신과 의사(1906)

돈에 파묻혀 사는 집안은 아니었다. 삯 마차 마부 아버지에 채소 장수 어머니. 그래서 딸은 열두 살에 학교를 그만두어야 했다. 소녀는 15세 무렵부터 무정부주의자들과 어울리며 매우 빠르게 정치에 관심을 갖게 된다. 하지만 무정부주의 사상에 실망한 마들렌 펠티에는 좋은 교육의 가치를 깨닫게 되었다. 독학으로 대학 입학 자격시험을 치르기 위해 공부를 다시 시작하기로 한다. 고된 일이었다. 부모님이 돌아가시면서, 역시 빈민층 출신인 인류학자 샤를 르투르노에게 학문적, 재정적 지원을 받는다. 1898년 마들렌은 대학에 입학한다. 전체 학생 4천500 명 가운데 129명뿐인 여학생 중 한 명이었다.

마들렌은 인류학으로 눈을 돌리는데, 다소 의구심을 품으면서도 당시 위력을 갖던 이론들을 받아들인다. 이를테면 인류학자 폴 브로카의 뇌의 크기로써 지능을 측정할 수 있다는 이론 같은 것을. 보통 사람보다 저명인사의 뇌가, 열등한 인종보다 우등한 인종의 뇌가, 그리고 물론 여성

보다 남성의 뇌가 더 크다고 주장한 이론이다.

곧 되돌아온 반항아 기질이 우위를 점하면서 마들렌은 결국 기존 이론에 반박하고 인류학을 그만둔다. 그리고 정신병원 인턴 자격시험에 응시하고자 했으나 불가능한 일이었다. 이를 위해서는 정치적 권리, 즉 투표권이 있어야 했기 때문. 당시 여성에게는 아직 투표권이 없었다. 그래서 그녀는 이러한 규정 폐지를 위해 싸우는데, 마르그리트 뒤랑(102쪽 참조)의 페미니스트 일간지 『라 프롱드』의 지원을 받는다. 마침내 시험을 치를 수 있게 되면서 마들렌은 1906년 프랑스 최초로 정신의학 학위를 취득한 여성이 되었다. 요컨대 '거의'. 실제로는 시험에 통과하지 못한 것으로 보인다.

그러나 어쨌든 사내 의사가 되자마자 처음에는 사회당(당시 이름은 국제노동자협회 프랑스 지부)에서, 이후 공산당에서 정치 참여를 이어 나갔다. 짧은 머리에 바지를 입은 급진적 페미니스트 마들렌은 자신이 '레이스를 두른 페미니스트'라 칭하는 여성들을 경멸했다. '급진적'조차도 완곡한 표현이다. 그녀는 조금이라도 여성성에 관련된 것이라면 질색했으며, 거기에는 임신도 포함—그녀의 어머니는 열두 번이나 임신했다—된다. 그녀는 조르주 상드, 마리로즈 아스티에 드 발세르, 비올레트 모리스, 로자 보뇌르 등이 그랬듯 바지 착용을 부르짖는데, 이들보다 좀 더 강력한 방식이었다. 1800년으로 거슬러 올라가는, 허가받은 경우를 제외하고 여성이 남성처럼 바지를 입는 것을 금하는 파리 경찰청장의 명령에 대한 마들렌의 응수를 요약하면 이렇다. "나는 가슴을 드러내는 드레스를 입겠다. 남자들이 자신의 것을 보여 주는 바지를 입기 시작하면 말이다." 그녀는 남자들이 스키니 진을 입는 날이 오리라고는 상상

> "나는 가슴을 드러내는 드레스를 입겠다. 남자들이 자신의 것을 보여 주는 바지를 입기 시작하면 말이다."

도 못 했을 것이다.

아무튼 마들렌은 자신의 길을 택했다. 밤에는 서민 구역에서 일하며 여성들에게 당시 불법이던 낙태 시술을 해주는 등 가난한 사람들을 진료한다. 법적으로 '낙태죄'가 성립하는 임신중절을 주장한 최초의 페미니스트였던 그녀는 친오빠에게 강간당한 소녀의 낙태를 도운 혐의로 1939년 체포된다. 그녀에게 내려진 처벌은 옥살이가 아닌 정신병원 입원이었다. 그로부터 몇 달 후 마들렌은 뇌졸중 후유증으로 해당 병원에서 사망한다.

Ethel Leginska ———

음악에
부처

에델 레긴스카(1886-1970, 영국) 최초의 여성 오케스트라 지휘자(1925)

　피아노에 재능을 보였던 어린 에델은 여섯 살 때부터 사람들 앞에서
연주를 했다. 열 살이 되던 해 클라라 슈만을 배출한 프랑크푸르트의
호흐 음악원에 입학했고, 이후 빈에서 수많은 대가를 가르친 교수에게
지도를 받으며 실력을 갈고닦아 열여섯 살에 런던에서 첫 연주회를 열
었다. 그야말로 영재였다.

　유럽 전역을 다니며 연주자로서 행보를 이어 가던 중 한 유명 가수의
조언을 듣고 당시의 유행을 따라 자신의 본래 성^姓인 '리긴스Liggins'를 슬
라브어 방식인 '레긴스카'로 바꾼다. 그 시대 음악계의 거장들 다수가
폴란드인이거나 러시아인이었음을 밝혀 둔다. 유럽 순회 연주를 성공적
으로 마친 에델은 뉴욕으로 향한다. 브라비시마!『뉴욕 헤럴드 트리뷴』
은 그녀를 두고 '여성 피아니스트계의 파데레프스키'라고 묘사했다. 파
데레프스키 역시 폴란드인으로 당대 음악계와 피아노계에서 세계적인
스타였다.

그러나 콘서트 피아니스트만으로는 충분하지 않았던 에델은 뉴욕에서 화성법 수업을 듣는다. 그 결과 나온 것이, 인도 시인 라빈드라나트 타고르에게서 영감을 받아 쓴 첫 작품, 현악 4중주였다. 보스턴에서 연주된 이 곡은 1921년 그녀에게 상을 가져다준다. 그녀는 더 나아간다. 2년 뒤 런던으로 옮겨 가 오케스트라 지휘를 공부하고, 1925년 뉴욕 심포니 오케스트라를 지휘한 최초의 여성으로서 카네기홀 무대에 선다. 관객의 반응은 뜨거웠으나 언론 보도는 미적지근한 수준에 그쳤다. 그래도 지휘봉을 놓지 않은 에델은 보스턴과 클리블랜드에서 지휘자로 활동한다.

이후 그녀는 오케스트라 지휘에 전념하기로 한다. 하지만 남성 중심 음악계의 완고한 태도에 결국 여성으로만 구성된 '보스턴 여성 심포니 오케스트라'를 창단, 운영—무급으로!—까지 맡는다. 관객들의 열렬한 호응과는 반대로 일부 음악가들과 기자들의 반응은 여전히 부정적이었다. 그래도 재능이 받쳐 줘야 모험을 계속할 수 있는 법 아닌가. 물론 에델이 여성 오케스트라를 창단한 최초의 인물은 아니다. 바이올리니스트 캐롤라인 B. 니콜스가 1888년 보스턴에서 '파데트 여성 오케스트라'를 창단한 바 있다. 시작은 좋았으나 에델이 1932년 뉴욕에서 여성의 음악적 재능을 입증하겠노라는 굳은 의지로 만든 오케스트라만큼의 명성은 얻지 못했다.

안타깝게도 지휘할 기회가 차츰 줄어들면서, 에델은 로스앤젤레스에 영구 정착해 피아노 교수로 전향한다. 교수로서 높이 평가된 그녀는 1940년대에 들어선 뒤 '젊은이들에게 활동 무대를Place aux jeunes!'이라는 프랑스어 슬로건을 내건 공연 기획사를 만든다. 그녀의 제자들로 구

성된, 에델이 직접 지휘하는 오케스트라는 음악계로부터 인정을 받았으며, 그녀는 1957년 로스앤젤레스에서 무려 1932년에 직접 쓴 오페라 「장미와 반지The Rose and The Ring」를 초연하는 최고의 기쁨을 맛본다.

그럼에도 불구하고 여성 지휘자들은 여전히 일부 남성 지휘자들의 '취향'은 아니었다. 오늘날 전 세계 778개 상설 오케스트라 중 48개 오케스트라, 즉 6.2퍼센트만이 여성 지휘자를 두고 있다. 여기에 속하지 않는 여성 지휘자들은 직접 앙상블을 꾸려야 한다. 그러므로 필하모니드 파리의 2019-2020 시즌 일정에 다섯 팀의 여성 앙상블을 참여시킨 파리 오케스트라에 박수를 보내자. 더불어 국립 아비뇽 오케스트라 지휘자로 필립 그리슨이 임명한 데보라 왈드먼에게도 박수를 보내자. 리옹 국립오페라에서 활동하며 30년 넘게 프랑스 최초의 여성 지휘자 자리에 있었던, 이후 1995년 밀라노 라 스칼라 극장을 이끈 최초의 여성 지휘자인 클레르 지보에게도 경례를 표하자. 클레르는 자신은 15년 전부터 은퇴에 대한 질문을 받아 온 반면, 남성 지휘자들은 95세까지도 지휘봉을 놓지 않는 것에 놀라움을 드러내며, 2020년 3월 첫 국제 여성 오케스트라 지휘자 대회 '라 마에스트라La Maestra'를 만들었다. 진정한 운동가다. 끝으로 모든 여성 지휘자들과 에델을 위한 길을 열어 준 에델 스미스, 아우구스타 홈즈, 나디아 불랑제에게도 박수를 보내자.

Jeanne Villepreux-Poirer

사교계
부인의
호기심

잔 빌프루 파워(1749–1871, 프랑스) 최초로 아쿠아리움 고안(1832)

열여덟 살에 고향을 떠나 걸어서 파리로 올라온 잔. 유명 양장점에서 자수 놓는 일을 '솜씨 좋게' 하던 와중에, 양시칠리아 왕국의 공주이자 미래의 베리 공작부인, 마리 카롤린 페르디낭 루이즈 드 부르봉을 위해 수놓은 웨딩드레스 덕분에 유명세를 탄다. 이를 계기로 아일랜드의 젊은 귀족 제임스 파워를 만나게 되는데, 연인이 된 두 사람은 1818년에 결혼해 시칠리아로 떠난다.

부유한 무역업자 남편 덕분에 잔은 당시 잉글랜드와 일부 외교적 관계를 유지하고 있던 시칠리아에서 사교계 생활을 하게 된다. 그녀로서는 그야말로 따분한 일. 하지만 책을 읽고 섬을 두루 돌아다니면서 그녀는 자연과학과 특히 메시나 해협의 매우 풍부한 해양 생물에 큰 관심을 두게 되었다. 여러 생물 종을 공부했는데 그중에는 조개낙지도 있었다. 두족류에 속하는, 조개껍데기를 가진 이 낙지를 두고 동식물 연구자들의 의견은 첨예하게 갈렸다. 어떤 이들은 조개낙지가 소라게처럼 조

개의 버려진 껍데기를 가져온 것이라고, 또 어떤 이들은 낙지가 제 스스로 껍데기를 만든다고 주장했다.

이 난제를 너무도 해결하고 싶었던 잔은 1832년 조개낙지를 죽이거나 알코올로 보존하는 것이 아닌, 살아 있는 상태로 관찰하는 새로운 방법을 고안해 낸다. 어떤 방법일까? 유리 용기 안에 자연환경을 그대로 재현하는 것이었는데, 이는 훗날 아쿠아리움의 토대가 된다. 이 방법으로 관찰한 결과, 그녀는 조개

> 1839년 잔은 런던 동물학회와 카타니아 아카데미를 비롯한 유럽 내 다른 열여섯 개 아카데미의 회원이 된다.

낙지가 실제로 껍데기를 분비한다는 사실을 증명할 수 있었다. 시칠리아의 카타니아 아카데미로부터 지원을 받은 잔이었으나 프랑스에서는 무시를 당한다. 특히 동물학자이자 해부학자인 앙리 드 블랭빌은 그녀의 연구 결과를 두고 하등 의미 없는 일이라 평가한다. 그러나 대영박물관장의 도움으로 연구에 힘이 실리고 유럽 내에 전파된다. 1839년 잔은 런던 동물학회와 카타니아 아카데미를 비롯한 유럽 내 다른 열여섯 개 아카데미의 회원이 된다. 그 시대 여성에게는 이례적인 일이었다.

이후의 이야기는 슬프다. 파리에 정착할 예정이던 파워 부부는 시칠리아에서 가구와 물건들을 배에 실었는데, 그 배가 그만 지중해에서 침몰하고 만다. 잔은 그간 모은 수집품과 원고를 그렇게 잃어버린다. 파리에서 잔은 그 유명한 조개낙지 연구 요약본과 운석에 관한 책을 펴낸다. 그리고 보불전쟁이 발발한 1870년 코레즈에 있는 고향 마을로 피신했다가 1년 후 그곳에서 세상을 떠난다.

한 세기 동안 잊힌 그녀의 연구는 오늘날 학회에서 거론되고 있으며 리무쟁 지방에서는 매년 이공계 여학생에게 잔 빌프루상을 수여한다. 작가이자 『피가로Figaro』지의 문학 칼럼니스트인 클로드 뒤느통은 잔의 삶을 소설로 엮어 2009년 『조개낙지 부인La Dame de l'argonaute』이라는 제목으로 출간했다. 같은 해 유럽위원회가 기념한 역사적인 '과학의 여성 40인'에 잔의 이름도 올랐다. 2019년에는 파리 역사박물관 '팔레 드 라 포르트 도레'의 아쿠아리움에서 멀지 않은 곳에 그녀의 이름이 붙은 길이 생기기도 했다. 뱅센 숲의 잔 빌프루 파워 길을 걸으며 그녀를 떠올리자.

Nellie Bly

쉼 없는
도전

넬리 블라이(본명은 엘리자베스 제인 코크란Elizabeth Jane Cochrane)(1864-1922, 미국)
최초의 여성 조사 전문 기자(1880), 여성 최초로 단독 세계 일주(1889)

 분홍색 옷을 자주 입어 꼬마 핑키라 불린 넬리는 여섯 살에 판사 아
버지를 여읜다. 어머니가 재혼하지만, 상대 남자가 알고 보니 알코올중
독자였던 탓에 결혼 생활은 금방 끝났다. 하지만 다행스럽게도 핑키는
벌써 시를 쓰고 있었다. 언젠가 피츠버그의 한 신문에서 '일하는 여성은
잔학무도하다'는 글을 읽은 그녀는 피가 거꾸로 솟는 것을 느꼈다. 어머
니와 형제들을 거들어 생계를 위해 일을 해야 했던 그녀였기에, 그녀는
화가 가라앉지 않은 나머지 '고독한 고아'라는 이름으로 신문사에 편지
를 보낸다. 일은 재미있게 흘러가는데, 편지에 깊은 인상을 받은 편집장
이 그녀에게 기사를 하나 써보라고 제안한다. 엘리자베스는 이혼에 대
해 쓰기로 하고, 순전히 자신이 경험한 것을 글로 만든다.
 주급 5달러를 약속받은 그녀. '넬리 블라이'라는 이름으로 쓴 첫 기사
는 자신이 일했던 통조림 제조 공장 노동자들의 처참한 근무 환경을 다
뤘다. 지역 내 공장주들은 분노했다. '원예'와 '연극' 기사나 쓰라는 협

박까지 받는다. 하지만 이 신참 기자는 이번엔 철사 제조 공장 노동자에게 관심을 기울이며 또다시 일을 벌인다. 더는 참을 수 없었던 공장주들이 이번에는 신문사를 압박해 왔다. '연극' 면을 채울 게 아니라면 넬리 블라이는 아무것도 쓰지 말라는! 그래서 그녀는 아무것도 쓰지 않았다. 1887년 봄 『피츠버그 디스패치』에 작별을 고한 넬리는 뉴욕으로 향한다. 『뉴욕 월드』지 사장 조셉 퓰리처에게 일자리를 약속받은 것이다. 단, 한 가지 조건이 있었으니, 정신병원에서 지내면서 환자들의 생활상을 보고하라는 것.

그녀는 맨해튼 한복판에 자리한 정신병원 블랙웰 아일랜드 병원에서의 끔찍했던 열흘을 상세히 써나갔다. 그야말로 '뻐꾸기 둥지'(정신병원 내부의 이야기를 다룬 켄 키지의 소설 『뻐꾸기 둥지 위로 날아간 새』에 빗댄 표현이다-옮긴이)에 다름 아니었다. 이후 책이 되어 나왔을 때 소란이 일기는 했으나, 결과적으로 뉴욕 내 정신병원의 수용 여건이 근본적으로 바뀌는 계기가 되었다. 이렇게 탐사 보도라는 것이 탄생한다.

2년 후 넬리는 다른 모험에 뛰어든다. 세계 일주였다. 목표는 쥘 베른의 『80일간의 세계 일주』의 주인공 필리어스 포그의 기록을 깨는 것이었다. 여자 혼자서 세계 여행을 한다고? 아무도 믿지 않았다. 그래서 더더욱 가야 했다. 그녀의 여행기는 그때그때 『뉴욕 월드』에 실려 연재된다. 독자들은 이 여행기에 빠져들었고 심지어 내기를 하기도 했다. 여행은 72일 만에 완료된다! 정확하게는 72일 6시간 11분 4초. 돌아오는 길에 그녀는 여행 시작부터 자신을 응원해 준 쥘 베른을 만나러 아미앵에 들른다. 이렇게 넬리는 단독으로 세계를 일주한 최초의 여성이 되었다.

어째서인지 돌아오고 난 뒤 넬리의 인생은 어둠으로 선회한다. 마약

을 하고 술을 마시고 나중에는 40세 연상의 부유한 기업가와 결혼하기에 이른다. 돈이 필요한 가족을 도우려던 것이었을까. 1904년 고인이 된 남편을 대신해 양철 및 드럼통 회사의 대표 자리에 앉게 되자 그녀는 무엇을 어떻게 해야 할지 자문한다. 쌓을 수 있는 휴지통, 우유통, 가스통 등 각종 제품을 발명하고 특허를 내면 어떨까? 사업은 번창했다. 그렇게 번 돈을 그녀는 노동자들의 작업 여건을 개선하는 데 쓰지만, 10년 후 자신의 회계사에게 사기를 당하면서 파산한다.

1차 세계대전 발발이 가시화되던 무렵 넬리의 기자 본능이 되살아난다. 그녀는 『뉴욕 월드』 소속으로 미국 최초의 여성 종군기자가 되어 참호에서 소식을 전했다. 1918년 본토로 돌아와 다시 노동계를 다룬 글을 쓰고 여성 투표권을 위해 싸우는데, 쉰일곱에 폐렴에 걸리기 전까지 활동은 계속되었다. 오늘날 우리는 책, 만화, 라디오 방송의 주인공으로 등장하는 넬리 블라이를 본다. 그녀의 책 『정신병원에서의 열흘Ten Days in a Mad-House』을 각색한 스릴러 영화가 2015년 개봉했다. 프랑스어로 번역된 탐사 보도문은 수솔 출판사에서 나왔으며, 이후 푸앵 도퀴망 출판사가 『넬리 블라이의 대단한 모험Les Fabuleuses Aventures de Nellie Bly』이라는 제목으로 이를 페이퍼백으로 출간했다.

Charlotte Cooper

운동은
내가 즐거워서
하는 것

샬롯 쿠퍼(1870–1966, 영국) 최초의 올림픽 여성 금메달리스트(1900)

굉장한 운동선수를 소개한다. 테니스 선수 샬롯 쿠퍼. 그녀는 1900년 파리 올림픽에서 금메달을 딴 최초의 여성으로(117쪽 참조), 여자 단식 경기에서 프랑스의 엘렌 프레보를 꺾고 금메달을 거머쥐었다. 심지어 대회 두 번째 금메달이었다. 첫 번째는 전날 레지널드 도허티와 팀을 이룬 남녀 복식에서 딴 것.

파리 올림픽이 여성의 참가가 허용된 최초의 올림픽이었음을 밝혀 둔다. 근대 올림픽 창시자 쿠베르탱 남작 덕분은 아니다. 그는 전 종목에서 여성 선수의 출전을 반대했다. 실제로 그는 "참가하는 데 의의가 있다"고 하면서도, 올림픽을 일컬어 "여성의 박수갈채로 보상받는 (…) 남성 운동경기의 엄숙하고도 주기적인 고양高揚"이라고 말한다. 눈 비비고 다시 볼 것 없다. 당신은 제대로 읽은 게 맞다!

파리 올림픽이 여성에게 문을 연 배경에는 피에르 발데크 루소가 이끈 제3공화국 정부가 있다. 물론 여성 선수 비율이 2퍼센트에 그치기는

했어도 말이다. 당시는 여성 스포츠에 대한 편견이 지배하던 시절이었다. 여성이 운동을 하면 근육이 발달하면서 아름다운 몸매가 손상되고 생식능력에도 악영향을 미친다고 여겼다.

샬롯은 그런 말에 연연하지 않았다. 1900년의 여느 세련된 여성들처럼 허리를 조인 긴치마를 입고 경기에 임했으며, 관록과 명성의 토너먼트, 영국 윔블던 대회에서 여자 단식 5관왕을 차지한다. 그리고 아무 문제없이 두 아이를 낳았다. 잠시 공백기를 가진 그녀는 1908년 다시 코트로 돌아와 38세의 나이에 윔블던에서 선수 생활 마지막 우승컵을 들어 올린다.

지칠 줄 모르는 그녀는 1950년대까지 취미 삼아 테니스를 쳤고 1966년 96세로 생을 마감했다. 샬롯 쿠퍼는 1920년대에 테니스 '여신'이라 불린 프랑스의 쉬잔 렝글렌에게 큰 영향을 주었음이 틀림없다.

> 당시는 여성 스포츠에 대한 편견이 지배하던 시절이었다. 여성이 운동을 하면 근육이 발달하면서 아름다운 몸매가 손상되고 생식능력에도 악영향을 미친다고 여겼다.

Christine Lagarde

1등
그리고
최초

크리스틴 라가르드(1956–, 프랑스) 국제통화기금 최초의 여성 총재(2011)

머리가 비상한 크리스틴 라가르드가 미쳐 있는 것이 하나 있었으니, 아니 진지하게 말해 그녀에게는 오직 하나의 욕구가 있었으니, 바로 어디에서든 1등이 되는 것. 그녀는 살면서 딱 한 번 실패를 겪는데, 프랑스 국립행정학교ENA 입학시험에서였다. 파리정치대학Sciences Po에서 사회법 공부를 마친 뒤 어학연수 기간 동안 미국의 상급 고등학교에 다니면서 영어를 완벽히 습득하고, 영어 석사와 통상법 석사, 사회법 고급전문학위DESS를 취득하면서 그녀는 네 번이나 수석을 차지한다. 실로 엄청난 성과가 아닐 수 없다. 졸업 후 크리스틴은 1981년 세계에서 가장 유명한 로펌 중 하나인 미국 베이커 맥켄지의 파리 사무소에 고용된다. 하나씩 단계를 밟아 올라간 그녀는 마침내 CEO가 되기에 이른다. 최초의 여성 CEO이자 최초의 외국인 CEO였다.

이후 정치 경력을 쌓기 시작한다. 2007년 프랑수아 피용이 총리로 있을 때 경제부 장관에 임명되면서 큰 이목을 끌었음은 말할 필요도 없

다. 프랑스에 경제부가 신설된 이래 여성 장관이 나온 것은 처음이었다. 1836년부터 세어 보라! 게다가 미국 서브프라임 사태에서 비롯된 2007-2008년 세계 금융 위기는 특히나 다루기 쉽지 않았다. 하지만 크리스틴은 이미 도전에 익숙한 듯 보였다. 오랜 기간 남성에게만 허락되던 자리인 농림수산부 장관에도 임명되지 않았나? 물론 1981년 에디트 크레송(187쪽 참조)이 맡은 적이 있지만 말이다.

두 번이 세 번 되는 법. 그로부터 4년 후 그녀는 도미니크 스트로스 칸 후임으로 국제통화기금IMF 총재에 임명된다. 기억하는가? 2011년 봄은 전 프랑스 경제부 장관, 스트로스 칸이 뉴욕에서 체포되며 전 세계가 충격에 휩싸인 이후다. 1945년 국제 금융 및 경제 안정을 위해 설립된 IMF에서 2004년 봄 당시 부총재이던 앤 크루거가 임시 수장을 맡았던 3개월을 제외하면 여성 총재는 나온 적이 없다.

2019년 11월 1일, 크리스틴은 유럽연합의 경제 및 통화 정책을 수립하는 은행인 유럽중앙은행 총재직을 맡는데, 그녀에게는 첫 여성 총수가 된 네 번째 기록이다. 그렇다고 IMF 총재 자리를 '아무'에게나 맡기고 온 것은 아니다. 후임인 불가리아 경제학자 크리스탈리나 게오르기에바는 세계은행 총재 시절, 폭넓은 남녀 동수 정책을 수립하면서 성 평등을 위해 앞장서고 있다는 평판을 쌓았다. 든든한 후임자가 아닌가 한다. 게오르기에바가 여성들에게 임금에 있어 조금도 양보하지 말 것을 조언하자("남성 동료보다 적은 임금을 받는 것을 절대로 받아들이면 안 됩니다. 절대로요!"), 크리스틴 라가르드는 강한 어조로 덧붙인다. "전 세계적으로, 특히 경제 및 금융 부문에서 책임자 자리에 있는 여성의 수가 너무 적습니다. 말도 안 되는 일입니다." 실제로 유럽중앙은행 집행위원회

위원 25명 가운데 여성은 크리스틴과 독일 은행가 이사벨 슈나벨 두 사람뿐이다.

비둘기파도 매파도 아닌 크리스틴 라가르드는 자신을 '종종 숙련된 지혜를 드러내는' 사냥꾼 올빼미에 빗대어 묘사하기를 즐긴다. 그래서 때때로 재킷에 올빼미 모양 브로치를 다는 것일까? 거기까지는 다루지 않으련다.

공간에
힘을
불어넣다

시그네 호른보그(1862–1916, 핀란드), **소피아 헤이든**(1868–1953, 미국),
줄리아 모건(1872–1957, 미국) 여성 건축가들(1890, 1902)

백 살이 안 된 사람들은 알 수 없는 시대의 이야기다. 젊은 시그네 호른보그가 겪은 일은 머나먼 옛날에 벌어진 것이다. 오늘날 뛰어난 디자인으로 유명한 나라 핀란드에서 여학생이 예술, 디자인, 건축 학교 수업을 들으려면 허가를 받아야 했다니, 상상하기 힘들다. 그럼에도 불구하고 시그네는 1890년 학위를 취득한다. 그리고 그때부터 러시아 지배하에 있던 당시 핀란드 대공국에 스칸디나비아 섬유를 되살려 아르누보의 아라베스크 양식과 혼합하겠다는 바람을 키운다. 핀란드 남서부 포리 마을에는 그녀의 손끝에서 탄생한 가장 주목할 만한 건축물 중 하나가 있다. 네오르네상스 양식의 아름다운 파사드가 인상적인 '뉴안더 하우스Newander's House'다. 안타깝게도 시그네는 건축가로 활동하면서 지방 관공서 건물, 그중에서도 대개 파사드 건축만 맡았다.

소피아 헤이든은 운이 좀 더 좋은 쪽이다. 시그네와 같은 해 MIT를 졸업한 그녀는 인생의 방향이 바뀔지도 모를 소식을 듣는다. 만약 그녀

238

가 산업디자인을 가르치는 일이 지긋지긋해지던 보스턴의 고등학교, 엘리엇 스쿨을 그만둘 수 있었다면, 그녀는 건축만을 꿈꾸었으리라. 소피아를 기쁘게 한 그 소식은 무엇일까? 바로 1893년으로 개최 예정된 시카고 만국박람회 전시관 중 하나인 우먼즈 빌딩Woman's Building 디자인 공모전이었다. 여성만 참가 가능한 공모전이었는데, 상금은 비슷한 전시관 디자인 공모전에서 남성 동료들에게 제시된 금액에는 한참 못 미치는 수준이었다.

하지만 그건 중요하지 않았다. 소피아가 우승했다! 분명한 사실은, 박람회 여성관리위원회 여성 동료들이 남성 건축가들로부터 받는 강요와 모욕을 보게 된 그녀가 참담한 심정이었다는 것. 2002년 출간된, 역사 이야기와 스릴러 사이 어디쯤에 속하는 책 『백색 도시의 악마』에서 작가 에릭 라슨이 언급한 부분이기도 하다. 어쨌거나 건축가 소피아 그레고리아 헤이든의 여성관館은 제시간에 준비를 마쳤으며 뛰어난 자태를 뽐냈다는 사실이 중요하다.

버클리에서 토목공학을 전공하기는 했으나, 줄리아 모건이 프랑스 최초로 학위를 취득한 여성 건축가가 된 것은 1902년 파리에서였다. 정확히 말해 당시 건축 부문 세계 기준이었던 에콜 데 보자르 건축학과에 입학한 최초의 여성이다. 이후 캘리포니아로 돌아와 경력을 쌓은 줄리아는 도합 700채 이상의 건물을 지었다. 그중 가장 유명한 것은 두말할 나위 없이 로스앤젤레스와 샌프란시스코 중간쯤에 있는 허스트 캐슬Hearst Castle이다. 51헥타르(약 15만 평) 면적의 정원에, 방 쉰여섯 개, 욕실 예순한 개, 응접실이 열아홉 개에 달하는 이 호화로운 성은 사업가이자 언론 재벌인 윌리엄 허스트의 개인 주택으로, 허스트는 오슨 웰스가 영화 「시민 케인Citizen Kane」(1941)의 주인공을 구상할 때 참고한 인물이기도 하다. 허스트 캐슬은 현재 국가 사적지로 지정되어 있으며, 미국 건축가 협회는 2014년 사후 수여 형식으로 줄리아에게 금메달을 전달했다. 많이 늦은 감이 있긴 하지만!

탁월함의
표상

마르그리트 유르스나르(1903–1987, 프랑스/벨기에/미국)
여성 최초로 아카데미 프랑세즈 입성(1981)

　마르그리트 앙투아네트 잔 마리 길렌 클레이너베르크 드 크레이앙 쿠르라는 이름을 가진 사람이 작가가 되고자 한다면, 가명을 하나 만드는 편이 나을 것이다. 그녀가 겨우 열여덟의 나이에 시집 『괴수들의 정원』을 자비 출판할 때 사용한 이름은 마그 유르스나르Marg Yourcenar였다. 1929년 첫 소설 『알렉시스 또는 헛된 전투』가 나왔을 때, 미국 국적을 취득한 1947년부터 공식적으로 사용한 필명을 이미 정했던 것일까? 어쨌든 확실한 사실은 유르스나르는 그녀가 자신의 본명 'Crayencour'에서 'C'를 빼고 철자를 바꿔 만들었다는 것. 이 소설은 단숨에 그녀를 사회적 관습의 위선과 거짓에 절대 길을 내주지 않는 여성으로 자리매김하게 만든다. 소설은 한 유명 음악가가 아내에게 자신의 동성애 성향을 고백하고 아내를 떠나겠다는 결심을 말하는 이야기다. 현재는 없는 출판사 'Au sans pareil'('유례없는'을 의미한다 - 옮긴이)에서 출간되었는데, 출판사 이름은 이후 50년이 더 흘러 아카데미 프랑세즈에 입성하는 최초의 여성이 될 유르스나르가 다루는 참여적인 주제에 딱 들어맞는다.

그녀가 참여 지향에 반체제적인가? 접속법 사용을 무척이나 즐기며, 라틴어와 그리스어로 글을 쓴 작가들에게 영감을 받았는가? 틀림없다. 또한 그녀는 자유분방하다. 우리는 벌써 잊어버렸지만, 그 당시 동성애는 유럽에서조차 중죄로 간주되었다(영국의 경우 동성애는 1967년까지 범죄로 간주되었으며, 2016년에야 동성애 범죄자들에게 사후 용서법이 적용된다. 프랑스에서는 법적으로 유죄는 아니나 동성애자로 살아가는 것은 힘들다. 게다가 동성애는 1990년까지 세계보건기구의 정신병 리스트에 올라가 있었다). 동성애는 마르그리트에게 있어 단지 소설 주제에만 그치지 않았다. 버지니아 울프를 만나러 런던에 다녀온 1937년, 그녀는 파리에서 미국인 대학교수 그레이스 프릭을 알게 된다. 뉴욕에서 그레이스를 다시 만나고, 그녀의 말에 따르면 '열정'을 경험한다. 사랑과 역사(1939년 2차 세계대전 발발)는 유르스나르를 미국에 머무르게 만든다.

1950년대에 유르스나르는 메인 주 마운트 데저트 섬―그녀는 섬의 원시 자연에 마음을 빼앗겼다―에 영구 정착해, 인생의 동반자이자 그녀의 영어 번역가 그레이스가 1979년 사망할 때까지 함께 한다. 두 사람이 섬에 마련한 저택 '작은 기쁨Petite Plaisance'에서 유르스나르는 『하드리아누스 황제의 회상록』을 탈고했으며, 책은 작가에게 페미나 바카레스코상을 안긴다. 이 작품도 부분적으로 열정과 동성애에 관한 내용을 담고 있다.

유르스나르는 1958년부터 시민권, 평화 및 자연보호를 위한 활동에 참여하면서 더욱더 반체제적인 성향을 띠게 된다. 시대의 흐름을 거스르는 성향은 작품에서 보다 두드러지게 나타난다. 고대 그리스어를 읽

을 줄 알았던 그녀는 흑인 사회의 시에서도 영감을 받아 1964년 성스러운 흑인 영가를 번역했다. 학교에 다닌 적은 없지만 아버지가 인도한 문화적이고 범세계적인 삶을 통해 배운 그녀. 사어死語라 불리는 언어를 사랑한 그녀는 엑상프로방스에서 라틴 그리스어 부문 바칼로레아에 합격한 바 있다. 16세기의 연금술사이자 의사인 제논이라는 인물을 창조해 낸, 고전사史와 자유에 대한 찬가인 『암흑 작업』을 출간한 1968년 이래 그녀는 무수히 많은 상을 받는다. 벨기에 왕립 아카데미 회원으로 선출되고, 레지옹 도뇌르 훈장을 받았으며, 아카데미 프랑세즈 그랑프리……. '현인'들의 집합이라는 이 모임(아카데미 프랑세즈)은, 찬성한 장 도르메송을 제외하고(122쪽 참조), 그녀의 입회를 받아들이지 않기 위해 거친 말도 서슴지 않았다.

유르스나르가 아카데미 프랑세즈 회원이 되면서 다른 여성들에게도 선출의 길을 열어 주게 되었다.

Mercédès Jellinek

영원히
빛날
그 이름

메르세데스 옐리네크(1889–1929, 오스트리아) 자동차 이름이 된 여성(1902)

　20세기의 문이 열리고, 아버지 고트리브 다임러의 뒤를 이은 파울 다임러는 최초로 강력한 자동차를 개발한다. 모델은 35마력 4기통 엔진에, 벌집 형태의 라디에이터, 강철로 된 차대를 갖춘 것으로, 메르세데스라는 이름이 붙는다. 여신의 이름일까? 아니면 코트다쥐르에서 만난 탐스러운 갈색 머리 여인의 이름? 첫눈에 반했던, 순정을 바쳤던, 아니면 열정을 불태웠던 대상의 이름인 것일까? 어느 것도 아니다.

　메르세데스 옐리네크는 열세 살 소녀다. 베네치아풍 적갈색 금발 머리의 이 소녀는 니스 주재 오스트리아-헝가리 제국 영사인 에밀 옐리네크의 딸이다. 그는 탁월한 사업가로 엄청나게 부유하고 자동차를 사랑하는 다임러의 단골손님이었다. 사실 자동차광에 가까웠다. 모든 나라 모든 종류의 자동차를 살 정도였으니 말이다. 그리고 독점 영업권을 가지고 있어 그 당시 부호들을 상대로 차를 팔아 돈을 꽤 많이 벌었다. 19세기 말 자동차는 희소 상품이라 매우 비쌌기 때문이다. 게다가 운전자가 신뢰할 만큼 안정적이지 않아 주행 시에는 한 명 이상의 실력 있는 엔지니어가 동승해야 했다. 에밀은 코트다쥐르에서 가장 근사한 만남의 장소가 되는 최초의 자동차 경주 대회에도 참가했다. 또 이 대회를 위해 획기적인 장치를 갖춘 성능 좋은 자동차를 찾고 있었다.

그가 자동차 말고도 사랑하는 것이 있었으니, 바로 스페인 태생 아내 라첼과 경이로운 문화를 가진 나라 스페인이었다. 어느 정도였냐면 '메르세데스'라는 스페인식 이름을 독일 바덴바덴에 있는 저택과 니스 프롬나드 데 장글레에 위치한 별장,

메르세데스 엘리네크는 열세 살 소녀다. 베네치아풍 적갈색 금발 머리의 이 소녀는 니스 주재 오스트리아-헝가리 제국 영사인 에밀 엘리네크의 딸이다.

심지어 곧 태어날 첫째 딸아이에게까지 붙일 정도였다. 호적에는 '아드리엔 라모나 마누엘라'라는 이름도 들어가 있지만 모두가 메르세데스라고 불렀다. 에밀 자신도 자동차 경주에 등록하고 참가할 때 이 이름을 가명으로 사용하기도 했다. 모든 경기에서 우승을 바랐던 그는, 1등을 놓치기라도 하면 몹시 원통해했다고.

그는 다임러가 상술한 새 모델을 소개하자 망설임 없이 서른여섯 대를 주문하면서 제조 자금을 대준다. 약 500만 독일 마르크에 달하는 큰 금액이었다. 그 모델이 바로 메르세데스다. 현재 우리가 알고 있는 이 이름은 나중에 붙여진 것으로, 처음 채택한 이름은 너무 긴 데다 훨씬 매력이 떨어지는 '다임러 모토렌 게젤샤프트Daimler-Motoren-Gesellschaft'였다. 이것이 전설적인 자동차가 탄생한 배경이다. 여성의 이름을 딴 최초의 자동차였다.

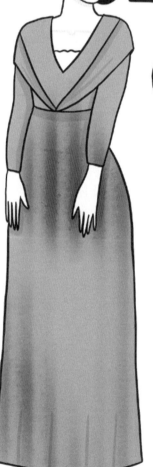

메르세데스 옐리네크는 그 이름이 월계수와 삼각별 사이에서 영원히 빛날 그야말로 스타다. 하지만 그녀는 마력이 얼마가 되었든 자동차를 특별히 좋아하지는 않았단다. 오히려 말을 더 좋아했다고.

Toni Morrison

그렇게
사랑받은 자

토니 모리슨(1931-2019, 미국) 노벨 문학상을 수상한 최초의 흑인 여성(1993)

　　그녀의 인생을 지탱해 준 것은 소설 쓰기였는지도 모른다. 토니 모리슨은 노예 집안에서 태어났다. 가정부 어머니와 용접공 아버지는 인종 분리주의 정책을 따르는 앨라배마, 켄터키, 조지아 지역을 떠나 20세기 초 북부 지방으로 이주한 소작농 가정 출신이다. 소작농이자 목수인 할아버지는 남부 지방의 인종차별과 가난을 더는 참을 수 없어 오하이오로 넘어왔다. 하지만 1930년대 대공황으로 인해 이곳에서의 삶 역시 험난하기는 마찬가지였다. 아버지 조지 워포드는 죽어라 일했다. 자식 넷을 먹여 살리려고 여러 가지 일을 동시에 해야 했기 때문이다. 가족은 로레인의 엘리리아 가 2245번지에 있는 월세 4달러짜리 집에서 살았다. 그러나 오대호 중 하나인 이리 호澬가 감싸 안은 클리블랜드 교외 작은 공업 도시에서 가난은 덜 비참하게 느껴졌다. 주변은 현재까지도 미국의 밀 창고라 불리는 중서부의 상징, 목초지로 덮여 있었다. 많은 공동체가 공존하는 지역이었으나 인종차별은 거의 없었다.

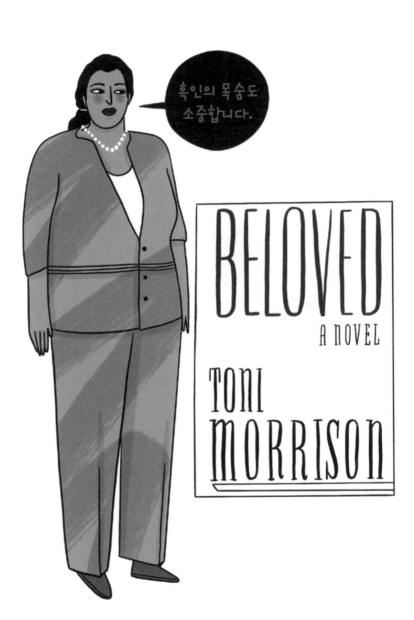

어린 토니에게는 다른 이름이 있었다. 클로이 안토니 워포드(그녀의 본명은 클로이 아델리아 워포드다-옮긴이). 벌써 필명을 만든 것일까? 가톨릭으로 개종하면서, 아마도 '파도바의 성 안토니우스'의 이름에서 따온 것으로 보인다. 그러다 '토니'만 남은 것이다. 어려서부터 책을 무척 좋아한 토니는 공부를 잘하는 학생이었다. 아니, 잘하는 것 이상이라고 해야겠다. 학급에서 글을 읽을 줄 아는 유일한 아프리카계 미국인 학생이었다. 그녀는 워싱턴 D.C.에 있는 흑인 학생들을 위한 학교인 하워드 대에 진학했고 이후 명문대인 코넬 대에 들어간다. 늘 그녀를 격려하던 부모님은 무척이나 기뻐했다. 토니는 훗날 문학과 영어 학위를 따고, 오스틴, 플로베르, 톨스토이, 포크너, 울프와 같은 쟁쟁한 작가들의 작품을 가르치게 된다. 진로는 정해졌다. 그녀는 교수가 되었다. 자메이카 출신 건축가 하워드 모리슨과의 결혼, 두 아이 출산, 그 뒤의 이혼. 남부 출신 오하이오 이주 가정 소녀의 사회적 지위 상승 과정을 요약하면 이렇다.

이혼 후 토니는 교과서 전문가를 찾던 미래의 랜덤하우스 출판사에 지원하면서 다시 한 번 문학에 발을 들인다. 그녀의 첫 번째 도전 과제는 여성과 흑인에 관한 책을 편찬하는 것. 워싱턴에서 수학하던 시절, 그때까지 가족들이 들려준 이야기에 불과했던 인종분리를 경험한 그녀였다. 이 이야기는 훗날 그녀의 모든 책에 등장한다.

그녀가 펜을 든 것은 자신이 읽고 싶었던 책을 쓰기 위해서였다. 1970년 나온 첫 번째 소설 『가장 푸른 눈』은 푸른 눈을 갖기를 꿈꾸는 10대 소녀의 이야기에 우리를 빠트린다. 이후 『술라』, 『솔로몬의 노래』와 피부색이 칠흑같이 어둡다는 이유로 엄마에게 버려진 여자아이의 운명을 담은 『빌러비드』를 발표한다. 상과 상금이 쏟아졌으며, 1993년 노벨 문학상을 받으면서 인정을 받았다. 빌 클린턴 대통령으로부터 2001년 국가예술인문학상을, 2012년에는 버락 오바마 대통령이 수여하는 미국에서 가장 영예로운 훈장인 '자유 훈장'을 받는다. 케냐 출신 흑인 대통령이 당선된 2008년에야 비로소 자신이 미국인으로 느껴졌다고 말한 그녀에게는 이중적인 의미의 인정이었다. 그사이 2006년 새로운 유형의 박물관 안내인으로 루브르에 초청된 그녀는 화가 제리코의「메두사호^號의 뗏목」에 대해 '버림받은 인간의 표류', '최후의 집'이라는 설명을 들려주었다.

홉연자 특유의 흉내 내기 힘든 풍부하고도 신비로운 목소리, 강렬한 붉은색의 탐욕스러운 입술을 가진 그녀. 2019년 지독한 폐렴에 걸린(그녀는 폐렴 합병증으로 사망한다 - 옮긴이) 토니 모리슨은 어쩌면 '○○에서 최초인 흑인 여성'으로 자신을 소개하는 이 글에 조소를 날릴지도 모른다. 백인들이 '백인을 백인으로' 여기지 않는 것보다 '흑인을 흑인으로' 여기지 않기를 평생토록 꿈꿔 온 그녀였기에.

디저트의
여인들

오르탕스 슈나이더(1833-1920, 프랑스), **넬리 멜바**(1861-1931, 호주)
프랑스 유명 디저트 이름이 된 여성

1864년 12월 17일, 오펜바흐의 오페레타 「아름다운 엘렌La Belle Hélène」
이 파리 바리에테 극장 무대에 올랐다. 공연은 많은 관객의 호응을 받
았으나 일부 까다로운 순수주의자들은 이를 모독으로 받아들였다. 타
이틀 롤을 맡은 오르탕스 슈나이더는 작곡가 오펜바흐가 '사랑스러운
뚱보'라는 애칭으로 부른 그의 뮤즈로, 프랑스 제2제정 때 인기의 정점
을 찍은 유명 가수다. 전 세계의 왕이며 부왕, 대공, 왕자, 백작, 왕족 할
것 없이 모두가 오르탕스를 만나기 위해 파리로 왔다.

오르탕스의 인생은 프랑스풍 소설의 전개와 닮아 있다. '슈나이더'는
독일 쾰른 출신 아버지의 성을 따른 것. 가족은 보르도에 살았는데, 아
직은 카트린이라 불리던 17세의 오르탕스는 나고 자란 도시 보르도와
알코올중독자 아버지, 일하던 꽃집, 알려진 게 전혀 없는 어머니 등 모
든 것을 두고 떠난다. 아장Agen에서 한 극단에 합류했다가, 후에 파리로
가서 나폴레옹 3세의 어머니 이름으로 활동한다.

아주 어렸을 때부터 노래를 부른 오르탕스. 그녀의 노래를 들은 오펜바흐는 그녀를 자신의 소극장 부프 파리지앵 소속으로 삼는다. 한 『피가로』 기자는 자신의 회고록에 이렇게 썼다. "다니엘 오베르가 귀를 즐겁게 하고 싶을 때면 들으러 간다는 그런 목소리를 지닌 오르탕스 슈나이더 양은 루벤스의 색채를 지녔다. 그 의기양양한 미소와 교태 가득한 눈빛은 대주교를 지옥에 빠트릴 정도였다."

이 오페레타의 프리마 돈나가 프랑스 요리의 거장 에스코피에Escoffier에게 영감을 준 것만은 확실하다. 에스코피에는 그녀를 기리는 의미에서 설탕 시럽에 데친 배 위에 뜨거운 초콜릿 소스를 붓는다. 디저트 '푸아르 벨 엘렌'(poire는 배梨, Belle Hélène은 아름다운 엘렌을 뜻한다 - 옮긴이)의 탄생이다. 한데 「아름다운 엘렌」에 등장하는 과일이라고는 사과 하나뿐인데, 왜 굳이 배를 택했는지는 의문이다. 하나 더, 에스코피에는 1864년에 겨우 열여덟 살이었다. 이 이야기는 실화일까, 아니면 풍문에 불과한 것일까?

이제 '피치 멜바'로 넘어가 보자. 당시 에스코피에가 일하던 런던 사보이 호텔에 호주의 콜로라투라 소프라노 헬렌 포터 미첼, 일명 넬리 멜바가 머물고 있었다. 거장 에스코피에는 또 한 번 디저트를 만들어 낸다. 1926년 3월 미식 잡지 『라르 퀼리네르L'Art culinaire』에 그가 쓴 글을 보면, "그때 넬리 멜바는 코벤트 가든 오페라 무대에 오르고 있었다. 어느 저녁 「로엔그린」 관람석에서 나는 무대에 등장한 백조 기사를 보며 이 빛나는 여가수에게 깜짝 선물을 해야겠다는 생각을 했다. 다음 날 저녁, 멜바 부인은 몇몇 친한 지인들에게 저녁을 대접했다. 나는 이를 기회로 삼기로 했다. 화려한 백조의 두 날개 사이에 바닐라 아이스크림

이 담긴 은잔을 놓고 그 위에 복숭아를 얹은 다음, 설탕으로 만든 돔을 덮어 내갔다. 반응은 놀라웠다. 이 최고의 예술가를 최근 파리 리츠 호텔에서 다시 만났는데, 그녀는 늘 그 기억이 난다며 그 백조 복숭아를 언급했다. 하지만 나는 바닐라 아이스크림 위에 얹은 이 단순한 복숭아 디저트에 특출한 점이 없음을 깨달았다. 뭔가 빠져 있었다. 그래서 라즈베리 향을 살짝 더하기로 했다. 그리고 1900년 런던 칼튼 호텔이 개장했을 때, 마침내 피치 멜바를 넬리 멜바에게 헌정하게 되었다."

어쩐지 디저트가 먹고 싶어지지 않는가?

Anna O

혼란 속에서 삶을 포옹하다

안나 오(본명은 베르타 파펜하임Bertha Pappenheim)(1895-1936, 오스트리아)
최초로 정신분석을 받은 환자(1880)

베르타 파펜하임이라는 이름을 들어 본 적 있는가? 어쩌면 안나 오라는 이름은 낯설지 않을 수도 있겠다. 안나 오는 브로이어와 프로이트 박사가 정신분석학이 탄생한 이래 첫 '환자'가 된 여성에게 익명성을 부여하고자 붙인 이름이다.

그때까지 모든 것이 순조로운 인생이었다. 거의 그럴 뻔했다. 대개의 삶이 그러하듯 말이다. 오히려 다수의 동시대 사람들보다 훨씬 나았다. 프로이트 박사처럼 지그문트라는 이름을 가진 아버지는 부모로부터 수익성 있는 사업을 물려받았다. 빈의 부유한 곡물 도매상인인 그는, 말하자면 백만장자였다. 덕분에 네 자녀는 수준 높은 교육을 받았다. 베르타는 영어가 유창했고 프랑스어와 이탈리아어도 읽는 데 무리가 없는 수준이었다. 어머니 레샤 골트슈미트는 프랑크푸르트의 유서 깊은 집안 출신인데, 시인 하인리히 하이네를 배출한 가문이었다.

베르타의 세계는 소위 인문학에 둘러싸여 있었다. 유복했던 어린 시

절과 청소년기에 언어를 비롯해 바느질, 피아노, 승마, 성서 읽기, 히브리어 공부 등 익혀야 할 것들이 빼곡히 들어차 있었다. 좋은 집안의 어린 숙녀가 결국 결혼을 하기 위해 배워야만 하는 것들이었다. 가계도에 몽상적이고 격렬한 성정의 시인이 존재하지만, 집안 분위기는 엄격한 정통성이 지배하고 있었다. 그녀는 보다 많은 환상을 좋아했을지도 모른다. 가끔은 전통이라는 굴레 사이로 약간의 틈새 바람이 지나가길 바랐는지도 모르겠다. 좀 더 숨을 쉴 수 있기를, 약간의 일탈이 있기를, 규칙을 덜 지켜도 되기를, 사전과 완벽한 표현, 메트로놈, 복습 수업을 줄였으면 했을지도. 한마디로 조금 더 자신이 하고 싶은 대로 즐거운 쪽으로 말이다. 브로이어 박사 말에 따르면, 베르타는 활기찼다가 차오르는 슬픔을 느끼면서 쉽게 우울감에 빠지는 경향이 있긴 했어도 비교적 명랑한 소녀로 보였단다.

변덕스러운 기질, 그게 다였다. 알다시피 그 나이 소녀들은 수심에 잠기곤 한다. 심지어 그녀는 자신만의 '몽상 극장'에 빠져들며 시를 안다고 자부했다. 이런 배경에 놓이게 된 것이, 언젠가 한 청년에게 청혼을 받으리라는 상상을 제외하면 관능의 관여라 보기는 힘들고, 성욕은 더더욱 아니었다. 종종 엄습하는 숨통을 조이는 듯한 이상한 느낌을 제외하면, 베르타의 삶은 성능 좋은 기계처럼 규칙에 맞게 움직이는 것이었다.

아버지가 병으로 사망하자 베르타는 고통스러웠다. 아버지를 무척이나 사랑했으므로. 아, 말하지 않은 것이 있는데, 그녀는 아버지를 열렬히 사랑했다. 반전이 아닌가. 그녀가 미쳤느냐고? 너무 어리다고? 그녀는 스물한 살이었을 뿐이다. 의아할 것이다. 시력과 언어에 장애가 있는 데다, 마비에 가까운 근육위축, 몽유병 등 온갖 병에 시달리고 있었으니 말이다.

1880년 이래 그녀는 브로이어 박사에게 상담을 받는다. 그리고 자신의 환상과 환각에 대해 이야기한다. 이러한 증상들은 기이하게도 신경증에 관한 것이었다. 정기적으로 진행된 상담에서 많은 경우 최면술과 영어가 동원되었다. 부유한 상속녀를 위한 상담이었음을 상기하자. 그러다 안나 오의 증상 중 하나가 한차례의 상담 과정에서 그녀가 이를 떠올린 다음 갑자기 사라졌다. 새로운 치료법에 대한 직감이었을까? 그녀는 그것을 대화 치료talking cure 또는 굴뚝 청소chimney sweeping라고 불렀다. 안나 오에게는 유머가 있었다. 이후는 알려진 대로다.

여러 차례 재발을 겪고 요양소에 입원한 뒤로 베르타는 자신의 삶을 두 팔로 얼싸안는다. 매춘 종사자가 처한 상황을 조사하느라 전 세계를 다녔고, 신문사와 보육원을 세웠으며, 여성의 권리를 위해 싸웠다. 그녀의 사례와 회복은 현재까지도 많은 논란을 야기한다. 미셸 옹프레는 『우상의 추락』에서 이에 대해 언급했다. 그녀는 자신도 그중 하나가 되리라는 것을 예감했거나 알고 있었을까?

Barbara Harmer
Béatrice Vialle

초음속에
열정을
싣고

바바라 하머(1953-2011, 영국), 베아트리스 비알(1961-, 프랑스)
초음속 여객기 콩코드 여성 파일럿

40년도 전의 일이니 젊은 사람들의 기억에는 없겠지만, 이것은 처음부터 끝까지 역사적인 사건이었다. 그 시작은 1976년 1월 21일 에어프랑스Air France와 영국항공British Airways이 공동 개발한 초음속 항공기 콩코드의 첫 비행이었다. 'Concorde'(프랑스어로 '화합'을 의미-옮긴이)의 마지막 글자 'e'는 탁월함Excellence, 잉글랜드England, 유럽Europe, 협약Entente을 의미한다. 프랑스와 영국에서 동시 이륙한 콩코드 기機 두 대의 최초 상업 비행이 TV를 통해 전 세계로 생중계되었다. 피에르 샤누안이 조종간을 잡았다. 이 프랑스 파일럿은 오후 12시 40분 파리에서 이륙해 다카르를 거쳐 오후 8시 6분에 리우데자네이루에 착륙한다. 영국 조종사는 런던에서 바레인으로 비행했다. 시속 2천 킬로미터 이상이라는, 음속의 두 배 속도였다. "콩코드는 조종사들을 꿈꾸게 했다."고 조종사 에드가 칠보는 훗날 회상한다. 의심의 여지가 없는 일. 바바라 하머와 베아트리스 비알이라고 꿈꾸지 못할 이유가 없다. 두 사람은 유명한 뾰족

부리 흰 새를 조종한 유일한 여성이다.

바바라의 경우 콩코드 조종석에 앉기까지 꽤 돌아서 갔다. 처음부터 조종을 하겠다고 생각한 것은 아니었다. 그녀는 미용사가 되려고 열다섯 살에 쭉 다니던 종교 학교를 떠난다. 그로부터 5년 후, 그녀는 런던 개트윅 공항에서 항공교통관제사가 되기로 마음먹는다. 급작스러운 선회였다. 법학, 지리학, 정치학에 이어 조종사 교육을 받고 민간 조종 면허증을 딴 후 2년간 전문 면허증 취득을 위해 공부하면서, 영국의 한 항공대학에서 교관으로 학생들을 가르친다. 그리고 1982년에 비로소 조종사가 되었다. 5년 동안 여러 회사를 거치는데, 그중 하나가 훗날 영국항공과 합병되는 브리티시 칼레도니아British Caledonian다. 브리티시 칼레도니아에는 당시 3천 명의 조종사가 있었으며, 그중 60명이 여성이었다. 10년이 흘러 서른아홉이 된 그녀는 콩코드 조종을 위한 6개월짜리 직업 전환 훈련에 선발된다. 훈련은 1993년 성공적으로 끝났고, 그해 부기장 자격으로 첫 비행을 한다. 마지막 비행을 한 2003년까지 그녀는 10년간 콩코드를 조종한다.

베아트리스 비알을 두고 콩코드의 조종간을 넘겨받은 최초의 여성이라고 한다면, 몇몇 전문가는 되물을 것이다. 콩코드를 최초로 조종한 여성은 자클린 오리올이 아니었느냐고 말이다. 그렇기는 하나 그것은 시범 운행이었다. 따라서 바바라 이후에 콩코드를 조종한 최초의 여성 조종사는 베아트리스가 맞는다. 그녀는 파리 페넬롱 고등학교에서 고등 수학을 배우고, 프랑스 국립항공대학을 졸업한 스물세 살 때 에어리토라Air Littora에 입사하는데, 이후 에어프랑스로 이직한다. 15년이 지났을 때 보잉은 더는 그녀에게 불가해한 항공기가 아니었다. 그러니 콩코드 조종 자격시험 제안을 받았을 때 그녀로서는 더 생각할 것도 없었다. 이런 기회를 놓치는 것은 말도 안 되는 일이었다. 세 번째 천년의 첫해가 밝았다. 지금이 아니면 영영 기회는 없을 터. 자격증을 손에 넣고 승객 없는 시범 운행을 앞둔 와중에 콩코드가 고네스(파리 근교의 마을-옮긴이)에서 추락하는 사고가 터진다. 2000년 7월 25일에 벌어진 비극은 113명의 사상자를 냈다.

2001년 9월, 또 다른 재앙이 순조로운 경력의 흐름을 방해한다. 콩코드 비행을 마친 그날 베아트리스는 뉴욕 쌍둥이 빌딩 테러 소식을 듣게 되었다. 그럼에도 불구하고 그녀는 35회를 왕복하며 꿈에 그리던 항공기를 조종했다.

Emily Dunning Barringer

필요한 것은
기회뿐

에밀리 더닝 배링거(1876–1961, 미국) 최초의 여성 외과의사(1904)

처음에 의학은 여성에게 금지된 학문이었다. 하지만 고대 문명은 의학 연구, 실습 및 의료 행위에서 두각을 나타낸 일부 여성의 이름을 후세에 남긴 것으로 보인다. 고대 이집트의 페세셰트, 합법적으로 아테네에서 활동한—물론 남장을 한 채였지만— 고대 그리스의 아그노디케가 그런 사례다. 로마제국의 '산파'는 이미 여성이지 않았던가? 공식적으로 여성에게 금지된, 의학을 포함한 모든 종류의 교과목을 가르치고 배우는 곳에 중세 유럽의 여성들은 없었을까? 오랜 기간 여성은 의학에 대해 말하거나 의학을 공부할 수 없었음에도 어쨌거나 하기는 했다.(277쪽 참조) 19세기에 들어서고부터 유럽과 세계 곳곳의 의학계는 정식으로 여성을 받아들이기 시작한다. 최초의 여성 외과의 에밀리 배링거도 그중 한 명이다.

모든 게 어린 시절의 가족 문제로부터 시작된다. 그녀가 열 살 때 더 나은 곳을 찾는다며 아버지가 가족을 두고 떠난다. 인생살이는 예전과

같지 않았다. 다행스럽게도 삼촌 헨리 세이지가 의학 공부를 독려하고 학비도 대주었다. 목재 무역으로 큰돈을 번 부유한 사업가인 그는 뉴욕 주 이타카 소재 코넬 대학 후원자에다 여성의 대학 입학을 지지하는 사람이었다. 에밀리로서는 이보다 더 좋을 수 없었다. 그렇게 그녀는 1897년 오늘날 미국 명문대 중 하나인 코넬 대에서 의학 공부를 시작한다. 그녀는 스물한 살이었다.

4년 후 박사 학위를 딴 에밀리에게는 기나긴 근심과 장애물이 기다리고 있었다. 2년의 고군분투 끝에 한 병원에 인턴으로 들어간다. 다시 한 번 헨리 삼촌과 그의 고위층 지인들의 도움을 받은 것이다. 헨리는 뉴욕 주지사를 끌어들였다. 학업을 마친 뒤에도 그녀는 남학생과 교수들의 괴롭힘과 적대감을 잊지 않았

19세기에 들어서고부터 유럽과 세계 곳곳의 의학계는 정식으로 여성을 받아들이기 시작한다. 최초의 여성 외과의 에밀리 배링거도 그중 한 명이다.

다. 교수들 중 단 한 사람, 배링거 박사만이 그녀를 열렬히 지지했는데, 결국 두 사람은 결혼에 이른다.

구급 마차에 앉아 있는 그녀가 찍힌 사진이 있다. 에밀리는 당시 뉴욕 응급실 외과의였다. 1차 세계대전 당시 그녀는 유럽에서 구급차 호송대에 자금을 지원하는 캠페인을 벌였다. 또 1943년 미국 의회로 하여금 여성 의사에게 육군 의료 예비군 임관 자격을 부여하는 법안에 투표하도록 만들었다. 보다 더 바람직한, 남성 동료와 동일한 임금을 받도록 하는 법안 역시 표결에 부쳐지도록 힘썼다.

그녀의 자서전을 각색한 영화 「흰 옷을 입은 여자The Girl in White」가

1952년 개봉했을 당시 포스터에 적힌 문구는 이렇다. "If men can do it, women can do it better!" 남성이 할 수 있다면, 여성은 더 잘할 수 있다!

Murasaki Shikibu

구중궁궐 안
보편적인
감정들

무라사키 시키부(978?-1014?, 일본) 최초의 여성 소설가(11세기)

단도직입적으로 말해 무라사키 여사에 대해 알려진 바는 거의 없다. 본명조차 모른다. 역사에 남은 이름은 아마도 가명일 것이다. 10세기 일본의 한 지방 관료의 딸로 태어난 그녀는 아버지를 통해 궁중에 들어가 쇼시 황후의 시중을 들게 된다. 오늘날 우리는 그녀에게 최초의 심리 소설을 쓴 작가라는 타이틀을 부여한다.

프랑스어판 기준 1,472쪽 분량(한국어판은 3,453쪽에 달한다 - 옮긴이)의 『겐지 이야기』는 11세기 일본 문학의 역작으로 손꼽힌다. 이 대하소설은 독자로 하여금 현재의 교토인 헤이안쿄에 자리 잡은 궁중 관습에 빠져들게 한다. 시키부가 들려주는 것은 정치적인 삶, 특히 '빛을 발하다'라는 뜻의 '히카루'라는 별명을 가진 왕자 겐지의 연애 이야기다. 겐지는 모두를 감탄하게 만드는 수려한 외모를 지닌 인물. 하지만 아름다운 외모 뒤에 또 다른 모습이 있다. 여자들을 괴롭히고 정부를 여럿 두면서도 그녀들과 좋은 관계를 유지하는 겐지. 무라사키라는 여인과도 애틋

한 관계를 맺게 되는데……. 그렇다, 작가의 이름을 가진 여주인공이다.

소설에는 두 세대에 걸친 100여 명의 인물이 등장한다. 이들은 본명이 아닌―관례상 불가능하다― 관직명이나 문학적인 별명으로 불리기에 때때로 구분이 어렵다. 겐지를 부르는 이름도 '히카루노키미', '근위중장', '대신' 또는 '준태상황' 등 여러 가지다.

이 소설에서 가장 주목할 만한 것은 10세기가 지난 지금과 별반 차이가 없는 인간의 행동에 대한 묘사와 매우 독특한 국가의 사회 구조적 피라미드 꼭대기에 등장인물들이 자리하는 점이다. 더불어 매혹적인 국가, 상세한 묘사로 알게 되는 정제된 풍습, 의복에 대한 섬세한 설명, 음악과 자연에 대한 감수성, 그리고 연인들이 서로에게 시를 써주며 편지를 주고받는 감동적인 관계를 만드는 점이 인상 깊다. 소설에는 800여 편의 시가 포함되어 있는데, 무라사키 시키부가 그것을 쓰는 데 몇 년이 걸렸는지 역시 알려지지 않았다.

> 오늘날 우리는 그녀에게 최초의 심리 소설을 쓴 작가라는 타이틀을 부여한다. 『겐지 이야기』는 11세기 일본 문학의 역작으로 손꼽힌다.

Lilly Reich

아름다운
기능성

릴리 라이히(1885–1947, 독일)
실내장식과 패션 스튜디오를 연 최초의 여성 디자이너(1911)

디자인 분야에도 여성들은 존재한다. 실내 장식가, 건축가, 디자이너 등, 유명한 인물도 있고 덜 유명한 인물도 있다. 아예 알려지지 않았거나 잊힌 사람도 있다.(15-16쪽 참조) 위대한 에일린 그레이를 다룰까도 싶었다. 릴리 라이히와 마찬가지로 그녀 역시 최초의 여성이기 때문이다. 그러나 연대순으로 따지면 릴리가 최초다. 릴리 라이히는 1908년 건축가 요제프 호프만과 화가 콜로만 모저가 설립한 빈 공방Wiener Werkstätte에 합류한 뒤, 1911년 베를린에 자신의 공방을 만들고 이듬해 다분야 예술가들의 모임인 독일공작연맹Deutscher Werkbund의 일원이 된다. 말하자면 그녀는 디자인 분야에서 가장 간과된 거장이다. 이 책에서 언급함으로써 그녀의 업적을 조금이나마 되살리게 될지도 모른다.

아일랜드 태생인 에일린에 대해 알려진 것은 거의 없다. 예술가가 되려고 가족과 호화로운 저택을 떠났으며, 자유분방하고 눈에 띄지 않는 고독을 추구한 그녀. 퐁피두센터에서 열린 2013년의 회고전은 그녀가

고안한 가구의 놀랍도록 기능적인 면과 접어 보관할 수 있고 탈부착이 가능하면서도 가구가 현대적이고 근사할 수 있다는 장점을 널리 알린 자리였다. 그녀의 창작물 중 일부는 현재 뮌헨 소재 출판사 클라시콘이 재출간하는 중으로, 여성 디자이너와 여성 건축가가 제명되지 않고 남성 디자이너와 함께 일하는 것이 얼마나 어려운지를 우리는 책 속에서 알게 된다.

1976년 파리에서 생을 마감하기 전, 에일린은 자신과 관련된 거의 모든 자료를 태워 버린다. 릴리의 경우 오히려 그 반대였는데, 1933년 그녀가 장식물과 직물 공방을 이끌던 데사우의 바우하우스가 나치의 명령으로 문을 닫게 되자, 그녀는 자신의 창작품과 루트비히 미스 판 데어 로에의 작품을 간신히 빼내 보존한다. 그녀는 적어도 1927년부터 미스 판 데어 로에의 동료였으며, 그가 1938년 미국으로 이주할 때까지 함께 했다. 릴리는 이후 약 4천 개의 자료를 독일 동부의 한 농장에 있는 친구에게 보낸다. 1969년 시카고에서 사망하기 전, 미스 판 데어 로에는 자신의 컬렉션과 함께 해당 자료를 뉴욕 현대미술관MoMA에 기증한다. 미술관은 기묘하게도 1996년 미스 판 데어 로에의 '사적이며 전문적인 조력자'라 불리는 여성을 위한 전시회를 기획한다. 처음이자 현재까지도 유일한 그녀의 전시회다. 100여 점의 그림과 사진을 통해 우리는 릴리가 의류, 액세서리, 직물, 가구 등 방대한 양의 작품을 남겼을 뿐만 아니라, 브르노에 있는 빌라 투겐트하트 설계와 1929년 바르셀로나 만국박람회 파빌리온을 비롯한 수많은 공공 건축 박람회에 관여한 사실을 보게 된다.

1984년까지 가구 브랜드 놀Knoll의 관리자이자 펜실베이니아 소재 브랜드 전시관 큐레이터였던 앨버트 파이퍼를 비롯한 다수의 관계자들은 미스 판 데어 로에의 창작물에 릴리 라이히가 관여했다는 사실이 오랫동안 인정받지 못했지만 의심의 여지가 없다고 여기고 있다. 뉴욕 전시회가 열리고 몇 달 후, 여성산업디자이너협회의 요청으로 파이퍼가 쓴 평론은, 따라서 시사하는 바가 크다 하겠다. "미스 판 데어 로에가 전시 디자인에 뛰어들어 이룬 성공이, 그와 라이히의 사적인 관계가 시작됨과 동시에 얻어진 것은 우연이 아니다."

1939년 9월 릴리는 미스를 만나러 미국으로 건너간다. 머무를 생각이었을까? 그녀에게 그럴 마음은 없었던 듯싶다. 이후 두 사람은 더는 만나지 않았다. 릴리의 공방은 1943년 폭격을 당하고, 그녀는 1945년까지 강제 노역을 해야 했다. 늦게나마 그녀는 인정을 받았다. 바르셀로나의 미스 판 데어 로에 재단이 "개인적인 처지를 이유로 직업적 차별을 받은 피해자들을 위해, 건축 분야에 있어 큰 기여를 했음에도 부당하게 밀려나거나 간과된 사람들을 드러내기 위해" 2018년 릴리 라이히 장학금을 제정했기 때문이다. 참으로 아름다운 디자인이 아닌가!

Trotula de Salerne
or Trotula di Ruggiero

언제나
여성 의료인은
있었다

살레르노의 트로툴라 또는 루지에로의 트로툴라(1050?−1097?, 이탈리아)
최초의 여성 산부인과 의사

나폴리 근처의 살레르노를 아는지? 살레르노는 명성이 자자한 아말피 해변에 자리한 도시로 무척이나 살기 좋은 곳이다. 중세에도 지금의 모습과 같았을까? 그랬다고 믿고 싶다. 루지에로의 트로툴라가 실존 인물이라고 믿고 싶은 것만큼이나 말이다. 그녀는 최초의 산부인과학 개론서 『여성 질병 치료De passionibus mulierum curandarum』를 쓴 저자로 여겨진다. 책은 월경 및 임신에 관한 내용과 더불어 치료법과 제조법을 소개하고, 고대 신앙도 언급한다.

트로툴라를 예찬하는 사람들은 지금도 있다. 파리 공립의료원AP-HP 전 외과 과장 베르나르 크론 박사도 그중 한 사람이다. 프린스턴 대와 애리조나 주립 대 역사학과 교수인 모니카 그린은 2001년 트로툴라의 글을 번역하기 시작했다.

살레르노가 '의학의 근원이자 샘물'이었다고 하지 않았나? 시인 페트라르카는 14세기에 그렇게 주장했다. 한 가지 확실한 것은 이 남부 이탈리아 도시에 중세 최초의 의과대학이 존재했다는 사실이다. 유럽 각지에서 살레르노로 모여들었다. 그곳에서는 여성들이 공부하고 가르치는 것이 허용되었다고 한다. 일각에서는 트로툴라가 살던 시대는 해당 학교가 생기기 전이었기에 이러한 주장은 맞지 않는다고 보기도 한다.

그렇다고 해도 분명 여성들은 금기에 도전하며 특히 산부인과학을 포함해 거의 늘 의술 활동을 해왔다. 그 정도로 의학은 지난 세기 동안 여성들이 선호한 분야였던 것으로 보인다. 16세기에 성인으로, 이후 교황 베네딕토 16세에 의해 교회 박사로 승격된 독일인의 성모 힐데가르트 폰 빙엔 수녀도 그중 한 사람이다. 후에 등장한, 프랑스 왕실 외과의로 일한 두 명의 여성 마지스트라 에르장과 기유메트 뒤 뤼는 루이 9세(훗날 생 루이)와 함께 십자군 원정에 동행했다. 이를 계기로 마지스트라는 그 당시 가장 발전한 형태의 의학인 아랍 의학에 관심을 두게 된다. 안타깝게도 마르세유에서 의술 활동을 하고 의학을 가르쳤다고 알려진 사라 드 생질에 대한 것은 보존돼 전해지는 게 없다. 여담이지만 과거 여성들이 외과 수술을 한 데는, 일정 부분 교회에서 유혈이 낭자한 수술을 금지했던 까닭도 있다. 게다가 파리에는 1270년 발효된 의과대학 과정을 이수하지 않은 사람에게 모든 전문 의료 행위를 금하는 칙령이 존재했다. 대학은 남성과 미혼자만 받아 주었으므로 해당 칙령이 의미하는 바는 유추 가능하다. 플로랑틴 자클린 펠리시 드 알마니아의 불법 의료 행위에 대한 1322년 재판은, 안타깝게도 아무것도 변화시키지 못했다.

이후의 일들을 보노라면 많은 난관에도 불구하고 여성들이 옳았음을 알게 된다. 토론토 의과대학은 1865년 에밀리 제닝스 하워드 스토우의

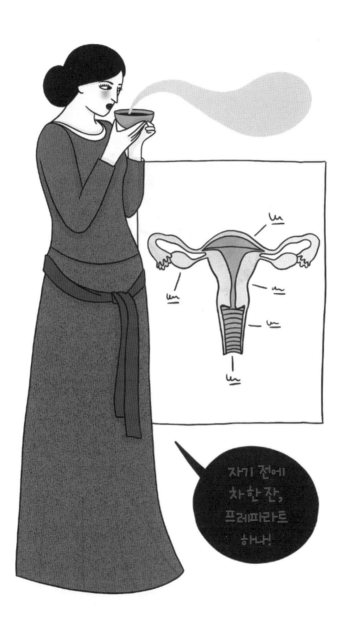

입학을 거부했다. 곧 그녀는 캐나다를 떠나 뉴욕에서 클레멘스 소피 로지어 박사가 설립한 대학에 들어갔다. 역시 이번에도 여성이다! 캐나다로 돌아온 에밀리는 낙태로 고발당해 재판을 받지만, 마침내 1880년부터 의료 활동을 할 수 있었다. 1875년 의학 박사 학위를 받은 마들렌 브레에 대해, 유럽에서 가장 큰 병원인 파리 피티에 살페트리에르의 폴 브로카 박사는 칭찬을 아끼지 않았다. 1차 세계대전이 한창일 때 세계 최초의 여성 외과의였던 에밀리 더닝 배링거가 뉴욕 거리를 누비고 다녔으며, 1930년 파리에서는 테레즈 베르트랑 퐁텐이 파리 병원 최초의 여성 의사가 되었다.

19세기 후반에 이르러 전 세계적으로 10여 명의 여성이 의사 면허를 취득한다. 1947년에서 2020년까지 열두 명의 여성에게 노벨 의학상이 수여되는데, 그 가운데 1983년 수상자 바바라 매클린톡(옥수수에서 '전이성 유전인자'를 발견한 공로로 노벨 생리의학상을 단독 수상한 최초의 여성 과학자-옮긴이)이 있다.

Edith Wilson
Victoria Claflin Woodhull

권력에의
의지

에디스 윌슨(1872–1961, 미국)
미국을 통치한 최초의 여성(1919)
빅토리아 클라플린 우드헐(1838–1927, 미국)
여성 최초로 미국 대통령 선거 출마(1872)

1차 세계대전이 끝날 무렵, 에디스는 야심 있는 영부인이었다. 세계에서 가장 큰 나라를 통치할 정도로 말이다. '통치'라는 단어에 모든 것이 들어 있다. 그녀는 남편이자 미국의 28대 대통령 토머스 우드로 윌슨을 대신해 1913년부터 아주 은밀하게 나라를 지휘했다.

백악관 주인의 가슴속에 꺼지지 않는 불씨를 지핀 이들의 첫 만남은 할리우드 영화로 만들어도 될 만큼 낭만성을 띤다. 두 사람 모두 사별을 겪은 후였다. 무척이나 우아한 그녀는 우드로 윌슨 사촌의 절친한 친구였고, 미남인 우드로 윌슨은 배우자 엘렌의 갑작스러운 죽음으로 큰 절망에 빠져 있는 상태였다. 물론 둘은 이전에도 수차례 마주쳤던 사이. 문제의 그날 에디스는 친구들과 차를 마시는 소수의 모임에 초대되어 백악관을 찾은 참이었다. 2층 엘리베이터에서 내리는 그녀를 본 우드로 윌슨의 마음에 큐피드의 화살이 꽂혔다.

이후 격정적인 편지를 주고받는 가운데 은밀한 만남이 이어졌다. 토머스는 에디스를 전적으로 신뢰했으며, 얼마 지나지 않아 정치와 사랑은 하나가 된다. 그는 연인에게 자신의 연설문을 쓰게 하고, 중대한 사안에 대해 의견을 구하고, 심지어 극비인 국가 기밀을 알려 주기까지 한다. 사랑에 눈먼 대통령은 첫 번째 부인과 사별한 지 채 2년도 되지 않아 에디스와 재혼하고, 1916년 재선을 위한 선거운동에 들어가면서 자신의 '퍼스트레이디'를 소개한다.

에디스가 국가 운영에 있어 전권을 행사했음은 말할 것도 없다. 사랑스러운 배우자의 모습을 하고 말이다. 그녀는 간호사가 되기를 자처하고, 군인들에게 담배를 나눠 주고, 백악관 잔디밭에서 양들에게 풀을 뜯게 하고, 그렇게 얻은 양모를 자선단체를 위해 판매했다. 그 와중에 전쟁 직후 이미 많이 쇠약해지고 녹초가 된 토머스가 뇌졸중으로 쓰러진다. 몸이 마비되고 지적 능력이 감퇴한 그는 임기가 끝날 때까지 병상에 누워 있어야 했는데, 그동안 에디스가 대통령 집무실에서 국정을 담당한다. 주치의 그레이슨 박사를 제외한 누구도 그 사실을 알지 못했다. 박사는 발설해서는 안 된다는 명령을 받은 터였고, 아무도 대통령을 볼수 없었다. 결국 이 '침상 통치'에 대한 항의가 일기 시작한다. 의사 결정을 주관하던 에디스는 그의 세 번째 임기를 위해 반사 상태인 남편을 출마시키려 했으나, 결국 1921년 워런 G. 하딩에 의해 물러나게 된다. 1924년 그레이슨 박사의 처방전이 대중에 공개되면서 모든 비밀이 폭로되는데, 이 같은 사태의 재발 방지를 위한 수정 헌법이 통과되기에 이른다.

하지만 대통령 선거에 출마한 '최초의 여성'은 분명 존재했다. 1872년의 일이다. 여성 참정권 운동을 이끌고 자유연애를 지지하는 그녀라는

존재가 지닌 가치는 실로 대단한 것일 수 있었다. 생각해 보라. 그때그때 벌어먹고 사는 암거래상에다 카드 노름꾼인 아버지, 카드 점쟁이 어머니를 둔 미국 여성 대통령이라니 말이다. 빅토리아 우드헐 본인 역시 영매였으며, 배우, 주식 중개 일을 했다. 대통령 선거 출마를 위해 그녀는 평등권당Equal Rights Party을 만들고 신문을 창간한다. '마귀 부인Mrs. Satan'이라 불리던 빅토리아는 당시 언론이 풍자한 대로 상징적인 후보에 지나지 않았다. 선거 출마 자격은 35세 이상부터 주어지는데 당시 그녀는 34세였기 때문이다.

Simone Veil

살며
투쟁하며

시몬 베유(1927–2017, 프랑스) 유럽의회 최초의 여성 의장(1979)

　　2018년 동시대 대중에게 가장 많은 사랑을 받았던 여성 정치인이 팡테옹에 안장되었다. 그 사람은 바로 시몬 베유. 어린 시절 겪은 끔찍한 일로 인해 결코 평범하지 않은 삶을 산 그녀였다. 나치 독일 점령 시절 가짜 신분증을 만들어 성姓(원래는 자콥)을 바꾸지만, 1944년 니스에서 비정통파 유대인 식구들과 함께 결국 게슈타포에 체포된다. 그리고 아우슈비츠에서 베르겐 벨젠까지 여러 수용소를 거치는데, 그녀와 다른 두 자매만이 가족 중 유일한 생존자다.

　　1945년 프랑스로 돌아와 법학을 공부하고 파리정치대학에서 학위를 취득한 후, 고위 공무원 앙투안 베유와 결혼한다. 두 사람은 세 딸을 낳았다. 그녀는 전공대로 사법관과 공직의 제일 높은 자리까지 올라간다. 그 과정에서 여성으로서 최초의 자리를 늘려 나갔다. 형무 행정직 이후 민사를 맡게 된 시몬은 1969년 법무부에 들어가 이듬해 행정부로부터 사법관의 독립성을 보장하는 기관인 최고 사법관 회의에서 최초의 여성 사무총장이 되었다. 이후 프랑스 공영 방송국 이사회에 여성 최초로 임명되면서 역사에 이름을 크게 남긴다. 1974년 지스카르 데스탱 정부의 총리 자크 시라크는 그녀를 보건부 장관에 임명한다. 당시 여성 의원 수가 아홉 명에 불과하던 국회에서 자발적 임신 중단을 합법화하는 법안을 둘러싼 거친 토론이 벌어졌는데, 마침내 가결되어 해당 법은 1975년 1월부터 시행되었다. '베유 법'이라고도 불린 이 법은, 여성들이 낙태를 범죄로 간주하는 사회에 대항해 수 세기 동안 투쟁한 끝에 얻은 승리였다. 이 무렵 시몬의 인기는 절정에 달하지만, 그녀의 임무는 아직 끝난 게 아니었다.

시몬은 1979년 최초의 유럽의회 선거에 출마, 프랑스와 독일의 역사적 화해를 이끌어 낸다. 이는 그녀의 개인사에도 큰 영향을 주는 일이었다. 중도주의자들의 지지를 받은 그녀는 보통선거로 선출된 최초의 유럽의회 의장이 된다. 그녀는 말한다. "유럽 통합을 이루면서 나는 20세기와 화해할 수 있었습니다."

한번 페미니스트는 영원한 페미니스트! 1996년 여름 『렉스프레스』지는 『10인의 선언』을 발행한다. 여기서 '10인'은 남녀 동수를 주장하기 위해 단결한 좌파 여성 5인과 우파 여성 5인을 의미한다. 당시 프랑스 국회와 지방의회 여성 의원의 비율은 6퍼센트를 넘지 못했다. 해당 선언에서 시몬 베유의 서명이 이목을 끈다. 이러한 요구는 국회의원 선거에 후보를 내는 정당은 여성과 남성 출마자를 같은 수로 할 것을 의무화하는 동수 법 제정으로 이어진다. 그리고 2014년에 이르러 사회 모든 분야에서 남녀 동수를 일반화하는 법이 만들어진다.

헌법위원회에서의 9년 임기를 끝으로 시몬은 정계를 떠났다. 그녀 나

이 여든이었다. 그녀는 프랑스 쇼아Shoah추모재단 업무를 꾸준히 주재했으며 후에 명예회장이 되었다. 자서전『나, 시몬 베유』(프랑스 출간은 2007년, 한국어판은 2019년 갈라파고스가 펴냈다-옮긴이)는 50만 부 이상 판매되었다. 2008년 아카데미 프랑세즈 회원으로 선출되며 그녀는 생애 마지막 영광을 누렸다. 레지옹 도뇌르 '그랑 도피시에Grand Officier'를 비롯해 셀 수 없을 만큼의 훈장을 받은 시몬. 그뿐만 아니라 그녀의 이름을 딴 수많은 학교, 병원, 거리, 미디어 도서관이 존재한다. 과거에 많은 일을 겪었노라고 노년에 고백한 그녀는 오늘날 여성들의 기억 속에, 쇼아의 기억 속에 죽지 않고 살아 있다. 그리고 2018년 팡테옹 안장으로 역사에 길이 남게 되었다.

Eugénie Brazier

별을
빚어내는 손

외제니 브라지에(1895–1977, 프랑스)
미슐랭 3스타를 받은 최초의 여성 셰프(1933)

    상식에 매우 반하는 일이다. 21세기 가정에서 여전히 여성 혼자 가족의 식사를 책임지는 경우가 65퍼센트에 달하고, 프랑스에 여성 셰프가 500명 이상 있음에도 불구하고 2020년 미슐랭 가이드 별을 받은 요리사 628명 가운데 여성은 서른세 명에 불과하다! 겨우 6퍼센트. 그래, 진정하도록 하자. 부글부글 끓어오를 필요는 없다. 일단 요리 이야기부터 풀어 보자.

    가장 좋아하는 요리는 무엇인가? 야채를 곁들인 브레스 닭 요리? 아니면 쉬프렘 소스를 바른 드미 되이유 영계 요리('반半상喪'이라는 뜻의 드미 되이유Demi-deuil가 붙은 것은 송로버섯을 넣은 닭고기에 모슬린 소스로 속을 채워 흰색과 검은색이 섞인 색을 띠기 때문이다. 군침이 도는 사람도, 구역질이 나는 사람도 있을 듯. 비건들은 용서하기를)? 맛 좋은 이 요리들은 외제니 브라지에가 1930년대에 정성 들여 준비했던 메뉴다. 그녀의 이름을 딴 레스토랑 '라 메르 브라지에La Mère Brazier'의 메뉴에 여전히 들어 있는 요리이기도 하다. 1933년 자신이 운영하는 레스토랑 두 곳에서 각각 미슐랭 3스타를 받은 최초의 여성 셰프인 그녀는, 전쟁 기간을 제외하고 1968년까지 별 세 개를 유지한 최초의 셰프이기도 하다.

쉽게 얻어진 것은 아니었다. 어린 외제니는 밑바닥부터 시작했기 때문이다. 열 살에 어머니를 여의고 열 명의 형제자매와 함께 부르캉브레스 지역 농장에 들어가 살면서 소를 돌보고 돼지에게 먹이 주는 일을 했다. 어린 나이에 미혼으로 임신한 그녀는 일하기 위해 젖먹이 아들을 유모에게 맡겨야 했다. 그때 그녀 나이 열아홉이었다. 부르주아 가정에서 보모로 일하다 병이 난 요리사를 대신해 요리를 한 것이 시작이었다. 그렇게 요리사의 길에 들어섰다.

보모 일은 끝났다! 그녀는 요리사가 되었다. 먼저 레스토랑 '라 메르 필리우'에서 일하면서 지역 특산 요리에 대한 모든 것을 배웠다. 브누아트 파욜, 일명 '라 메르 필리우'는 업계에서 잔뼈가 굵은 인물. 리옹으로 이주한 오베르뉴 출신 브누아트가 남편과 함께 연 비스트로는 벨에포크 시대에 가장 유명한 곳 중 하나였다. 높이 평가되는 작가이자 기자, 미식가인 퀴르농스키가 말하기를 "이 리옹 요식업계 여성들의 대모는 페르디낭 포슈, 아나톨 프랑스, 키플링, 찰리 채플린, 미스탱게트만큼 유명하다."고 했다. 현재의 관점에서 TV 요리 프로그램을 진행하는 스타 셰프이자 높은 조회 수를 자랑하는 요리 블로거의 유명세와 견줄 만한 게 아닐까. 리옹의 뒤켄 가街, 한때 그녀의 레스토랑이 있던 자리에는 그녀를 기념하는 명판이 있다.

우리의 외제니에게로 돌아가자. 수습을 끝낸 외제니는 론강江 근처에 자신의 첫 번째 레스토랑 '부숑 리오네'를 차린다. 레스토랑이 큰 성

공을 거두자 다른 곳에도 열어 달라는 요청이 쏟아진다. 그렇게 해서 1929년 리옹에서 20킬로미터쯤 떨어진, 그녀가 휴식을 위해 자주 찾은 콜 드 라 뤼에르에 여름과 주말에만 영업하는 두 번째 레스토랑을 연다. 역시 얼마 지나지 않아 인정받았다. 1932년 두 레스토랑 모두 미슐랭 2스타를 받았고, 이듬해에는 3스타를 받는다. 실로 영광스러운 일이다. 전쟁이 끝나고 외제니는 첫 번째 레스토랑을 아들 가스통에게 맡기고 콜 드 라 뤼에르로 간다. 1946년 약관의 청년이 요리를 배우고 싶다며 그녀를 찾아온다. 그는 바로…… 폴 보퀴즈였다. 53년간 미슐랭 3스타를 유지한 전설의 셰프!

라 메르 브라지에는 대단했다! 외제니는 일흔둘이 될 때까지 주방을 진두지휘했다. 리옹에는 현재 그녀의 이름을 딴 거리가 있으며, 손녀가 설립한 협회는 매년 멋진 셰프의 길을 가려는 10여 명의 소녀들에게 장학금을 전달한다. 요리책을 쓴 여성 작가들에게 문학상도 수여하고 있다. 드러내지 않는 페미니즘이라 하겠다. 이처럼 우리는 주방에서도 운동가가 될 수 있다. 미식가라면 말이다!

죽을 때까지 해도
좋은 운동

아네트 켈러먼(1886-1975, 호주) 최초로 수영복을 만듦(1907)

다섯 살에 소아마비를 앓았던 아네트는 위축된 다리근육 때문에 철로 된 보호대와 목발에 의지해 걸을 수밖에 없었다. 치료 효과를 높이려는 목적으로 의사는 그녀에게 수영을 권했다. 8년 뒤 근육은 단단해졌고 아네트는 첫 출전한 수영 대회에서 우승할 정도의 실력을 갖게 된다. 아직 고등학생일 때 그녀는 대형 수족관에서 수상 공연을 하면서 이름을 알렸다. 그 이래 성공의 연속이었다. 인어공주는 어른이 되었고 쾌거는 이어진다.

아네트는 파리 센강ㅍ 경주와 런던 템스강 횡단에 참여한 최초의 여성이자 유일한 여성이다. 영불해협을 건너는 시도를 두 차례 하기도 했다. 하지만 규정에 따라 여성이 입어야 하는 복장인 원피스—그렇다, 원피스 드레스 말이다!—는 전적으로 수영에 부적합했기에, 옷 때문에 경기를 중단해야 하기도 했다. 남성에게는 '해수욕' 복이라는 착장이 쉽게 허락되었는데, 그편이 훨씬 수영하기 편한 것은 당연하다. 복장 관례가

뭐라고! 결국 아네트는 팔다리가 드러나는 몸에 딱 붙는 원피스 수영복을 만들기로 한다. 당시로서는 외설 그 자체! 그녀는 1907년 보스턴의 한 해변에서 단정하지 못하다는 이유로 체포된다. 하지만 판사 앞에서 자신이 만든 수영복의 스포츠 기능적인 면을 내세움으로써 무죄 판결을 받았다. 이듬해 그녀는 미국과 어머니의 모국 프랑스에서 싱크로나이즈드 스위밍의 시초가 되는 수중발레를 선보인다.

이후 아네트에게 할리우드 배우의 길이 열린다. 작은 인어공주가 이제 전 세계 언론이 '비너스'라 부르는 스타가 된 것이다. 1916년 개봉한 영화 「신의 딸」—안타깝게도 사본이 하나도 남아 있지 않다—에서 그녀가 맡은 역에 특히 잘 어울리는 이름이다. 사실 헤디 라마르(152쪽 참조)에 훨씬 앞서 영화에 완전히 벗은 채로 등장해 물의를 빚은 인물이

> 아네트는 팔다리가 드러나는 몸에 딱 붙는 원피스 수영복을 만들기로 한다. 그녀는 1907년 보스턴의 한 해변에서 단정하지 못하다는 이유로 체포된다.

아네트 켈러먼이다(그녀는 오르가슴을 연기하지는 않았다).

수영복 발명가이자 싱크로나이즈드 스위밍 개척자는 호주로 돌아와 적십자 모금을 위한 수중 공연에 출연했다. 또한 2차 세계대전 종전 후 여성들에게 신체 활동을 장려했다. 수영의 장점을 다룬 책을 출간하면서 큰 반향을 일으키기도 했다. 그 시대에는 드문 발언이었기 때문이다. 늘 원기 왕성했던 아네트는 89세로 생을 마칠 때까지 수영을 놓지 않았다.

도전과 실패,
수용의 역사

루이즈 펠리시테 드 케랄리오 외 프랑스 언론계를 빛낸 여성들(1789–현재)

최초의 여성 기자가 프랑스의 루이즈 펠리시테 드 케랄리오였다고 가정하면, 언론 분야에서 인정받기 위한 여성들의 투쟁이 얼마나 오랫동안 이어져 왔는지 가늠할 수 있다.

역사학자 마리에브 테랑티에 따르면, 여성들이 언론 쪽으로 진입한 데는 다른 분야로의 진출이 금지된 시대 상황이 크게 작용한 것이라고. 여성들은 페미니스트 출판물이나 다른 꼼수를 활용해 언론계에 발을 들였다. 이를테면 남자 이름으로 서명을 하는 식으로 말이다. 넬리 블라이(228쪽 참조)가 그랬듯 은밀한 탐사 보도라는 형식을 만들어 내는 방법도 있다.

오늘날 우리는 국적에 관계없이 과거의 이 모든 여성들에게 빚지고 있음을 안다.(13, 102쪽 참조) 하지만 텔레비전 화면에서만큼은 많은 여성들의 얼굴을 보는 것이 익숙한 지금 세대에게 그때를 회상하는 일은 낯설고 지루할 터. 1980년대 프랑스 텔레비전의 아이콘이었던 크리스틴 오크랑과 안 생클레르는 여성들을 방송 매체로 이끌어 낸 최초의 여성 언론인이다. 크리스틴은 공영방송 제2채널 20시 뉴스의 명실상부한 간판 앵커였다. 여성으로는 최초 사례였다!(당시 방송국을 이끈 피에르 데그로프에게 감사 인사를 전해야 할 것 같다.) 안의 경우 일요일 저녁 인기 프로그램 「7 sur 7」를 진행했다. 방영 초기 한 신문은 그녀를 두고 '여성임에도 유능하다'고 평했다. 지금의 그녀라면 실소를 금할 수 없을 것이다. 13년간 500회를 진행하면서 그녀는 무슨 이야기든 잘 풀어냈다. 그럼에도 프랑스 극우 정당 대표 마린 르펜만큼은 결코 받아 주지 않았다. 소신 있는 여성이다. 같은 시기 마리로르 오그리는 무례하기로 악명 높은 이브 무루지와 함께 TF1 13시 뉴스를 진행했다. 그보다 30년 앞서, 주느비에브 타부이는 그 유명한 「알 것이라 믿어요 Attendez-vous à savoir」를 진행하며 극찬을 받은 바 있다. 이 방송을 계기로 라디오 뤽상부르(이후 RTL로 이름 변경)에서 국제 뉴스 칼럼을 시작한다. 1949년부터 1981년까지 해당 칼럼 덕분에 그녀는 인쇄 매체에서는 결코 얻지 못한 명성을 얻었다. 그녀가 말하길 자신이 기자가 된 데는 반反페미니스트였던 자신의 고고학 교수들의 영향이 컸다고. 게다가 남편은 RTL의 이사였으니.

공신력 있는 신문사에서 여성이 경영진 자리에 앉기까지는 더 오랜 세월이 필요했다. 거의 70년이 걸렸다. 흔히들 『르몽드Le Monde』를 향해 신문과 프랑스 사회 간의 요동치는 열정적인 관계의 역사라고 말한다. 이는 반세기를 넘는, 여성 없는 사회와 열정의 역사일 것이다. 그러다 사장 겸 편집국장 에릭 이즈라엘비츠의 갑작스러운 사망으로, 4개월 후 나탈리 누게레드가 80퍼센트에 가까운 찬성표를 받으며 『르몽드』의

수장이 된다. 2013년의 일이다. 이듬해 5월 13일, 나탈리가 임명한 편집장 열한 명 중 일곱 명이 사표를 내면서 그녀 또한 사임한다. 그러나 시대에 맞게 살아야 한다. 미국은 여성 부통령을 갖지 않았나.(340쪽 참조) 『르몽드』에서 나탈리는 최초의 여성이었으나 최후의 여성은 아닐 것이다.

창간자 위베르 뵈브메리의 책상을 전시품으로 보존하고 있는 『르몽드』사장 자리에 또 한 번 여성이 앉았다. 2021년 1월 임명된 카롤린 모노다. 노련하고 강하며 결단력 있는 기자이자, 솔직함과 섬세함, 위트로 유명한 카롤린이 책임자로 있는 『르몽드』가 새로운 시대로 진입하리라는 데는 의심의 여지가 없다. 그러나 초기 투쟁은 완승을 이어 나가지 못했다. 2015년 5월 4일, 현직 여성 언론 종사자 40명은 언론계 성차별을 규탄하는 일간 『리베라시옹Libération』에 실린 기고문에 서명한다.

Angela Merkel

엄마 리더십

앙겔라 메르켈(1954-, 독일) 독일 최초의 여성 수상(2005)

녹슬지 않는 종신 총리! 2020년 11월 22일 앙겔라 메르켈은 취임 15주년을 맞았다. 많은 이들의 부러움을 사던 그녀의 인기는 당시 정점을 찍고 있었다. 독일 국민들은 심지어 메르켈을 '무티'(엄마)라고 불렀다. 아, 물론 프랑스에도 프랑수아 미테랑 대통령을 '통통'(아저씨)이라 부른 사례가 있다. 일단 비교는 이 정도만 하도록 하자. 미국 『포브스 Forbes』지는 2006년부터 무려 열세 차례나 메르켈을 세계에서 가장 영향력 있는 여성 1위로 선정했다.

그녀는 자신의 막강한 힘을 이용하지 않는다. 일부에서 상냥한 어조로 '정치적 냉혈동물'이라 부르는 그녀는 국익을 위해 각양각색의 관점을 지닌 정치인들을 결집시키는 데 성공했다. 실용주의자는 맞지만 관념론자는 아니다. 분명 동독에서 성장한 경험이 그녀의 통치하고 지속하는 방식에 영향을 주었을 것이다. 한 프랑스 장관은 "메르켈의 장기 집권은 그녀가 통일된 독일을 구체화하고 있음을 의미한다."고 말하기도 했다. 그녀가 처음이자 유일하게 2015년 100만 명 이상의 이민자들에게 국경을 개방한 이유 또한 그녀의 과거 경험에서 찾을 수 있을 것이다. 메르켈 본인도 '기독교적 가치'와 홀로코스트에 책임이 있는 한 나라가 본보기로서 행하는 일종의 의무라는 관점에서 이유를 찾고자 한다. 이런 기독교적 자선은 공산주의와 무신론주의를 표방한 동독에 복음을 전하고자 가족을 모두 데리고 건너온 목사 아버지에게서 물려받은 것이다. 이것이 그녀가 동독에서 자라난 배경이다. 일곱 살 앙겔라는 독일을 둘로 가른 베를린 장벽이 세워지는 것을 보았다. 그 때문일까, 그녀는 어려서부터 자유라는 단어가 의미하는 바를 알았다. 또 다른 수가 없어 떠나고 싶은 나라에서 사는 것이 어떤 것인지 알았다.

잘 알려지지 않은 부분인데, 메르켈은 부계가 폴란드 혈통이라는 사실을 물론 알고 있었다. 1995년에 이를 확인해 준 바 있다. 할아버지 루드비크 카지미에르차크는 빌헬름 제국 시기—1890년 비스마르크가 사임하고 1차 세계대전이 끝날 때까지의 역사적 기간— 독일에 속했던 도시 포즈난에서 1896년에 태어났다. 베르사유 조약 직후 포즈난이 폴란드의 품으로 되돌아가자 할아버지는 독일인이 되기로 결심하고 베를린에 정착한다. 1930년대에 반폴란드 정서가 흐르는 상황 속에서 가족은 성 '카지미에르차크'를 독일식인 '카스너Kasner'로 바꾼다. 메르켈 총리의 결혼 전 성은 카스너다.

물리학을 전공한 앙겔라는 동베를린 과학 아카데미 내 물리화학연구소에 연구자로 들어가 1986년 박사 학위를 딴다. 1990년 독일이 통일되면서 정치에 입문한 그녀는 한 걸음씩 올라간다. 기민당CDU 의원, 여성청소년부 장관, 환경부 장관, 당 사무총장을 거쳐 2000년 당 대표에

이른다. 아직 금자탑의 마지막 장ᵃ이 아니다! 5년 후 연방 선거에 당선 되면서 그녀는 독일 최초의 여성 총리가 되었다.

메르켈의 철학적 신조 중 하나가 '중요한 것은 눈에 띄는 것이 아니라 존재하는 것'이었던가? 자신의 권력을 드러내려고 요란을 떨 필요는 없다. 매일 색만 다른 동일한 디자인의 재킷을 입는 등 단순하고 수수한 옷을 선호하는 무티는 경호원 동행 없이 종종 직접 장을 보러 다닌다. 그런 위치에 있으면서 그녀만큼 소박한 여성이 또 있을까? 한데 2020년 11월 25일 '나는 쿼터제 여성입니다'라는 표제 아래, 소셜 네트워크에 올라온 영상과 『슈테른Stern』지 표지에 그녀만 빠져 있었다. 정치, 경제, 공연 분야에 종사하는 여성 40명은 주요 기업 경영진 구성에 여성 쿼터제를 도입하는 법안을 촉구했다. 메르켈이 15년 동안 총리 자리를 지키는 것과는 별개로, 책임 있는 지위에 대한 여성의 진출 면에서 독일은 이웃 국가들에 비해 뒤처져 있는 까닭이다. 우리는 모순으로 가득한 사회에 사는 것이다.

Lizzie(Lillie) Plummer Bliss
Abby Aldrich Rockefeller
Mary Quinn Sulliran

모더니즘이
신대륙을
강타할 때

릴리 플러머 블리스(1864–1931, 미국)
애비 앨드리치 록펠러(1874–1948, 미국)
메리 퀸 설리번(1877–1939, 미국)
뉴욕 현대미술관 설립(1929)

　이것은 현대미술에 대한 사랑과 우정으로 엮인 뉴욕 상류사회 출신 여성 3인의 이야기다. 그녀들의 이름은 릴리 플러머 블리스, 애비 앨드리치 록펠러, 메리 퀸 설리번이다. 세 사람은 예술가이자, 수집가, 후원가로서 새로운 장르의 미술관 설립을 목표로 힘을 모았다. 결과는 1929년 맨해튼에 문을 연 세계에서 가장 큰 근현대 미술관 중 하나가 되었다. 그렇다. 뉴욕 현대미술관^{MoMA}이 그녀들의 작품인 것이다. 극도로 보수적인 도시에서 대단한 배짱이 아닌가! 다소 의아하다 싶겠지만, 세계 경제의 중심이라 여겨지는 뉴욕에서 현대미술은 큰 인기가 없는 장르였기 때문이다. 뉴욕은 오직 아르데코만을 떠받들며 현대미술이 유럽을 뒤흔들어 놓는 와중에도 아랑곳없이 이를 거부했다. 이번만큼은 혁신이 신대륙에서 오지 않았다.

　1913년 뉴욕에서 열린 국제현대미술전에서의 격동이 모든 것의 시작이었다. 마르셀 뒤샹의 「계단을 내려오는 누드 No.2」를 포함한 1천

MoMA

모더니즘
삼총사

600여 점의 미국과 유럽의 작품들은 큰 파문을 일으킨다. 『뉴욕 타임스』는 '예술뿐만 아니라 문학과 사회를 파괴까지는 아니지만 이들에 혼란을 야기하고 이들의 품위를 떨어뜨릴 수 있다'고 평가하며 출품작들에 혐오감을 표했다. 반면 릴리와 메리에게는 오히려 즐거움이자 새로운 발견이었다. 반 고흐, 쿠르베, 도미에, 고갱, 코로……. 그녀들은 얻은 것이 많았고 릴리는 세잔의 열렬한 팬이 된다. 세잔의 「목욕하는 사람」은 릴리의 응접실에서 가장 아름다운 자리를 차지했으며, 이후 그녀들이 세운 새로운 미술관의 가장 잘 보이는 곳에 걸린다.

그러니 눈을 감고 1929년 아름다운 5월이 끝나 갈 무렵의 그 장면을 상상해 보라. 월스트리트의 검은 목요일은 가을이 돼야 벌어질 일, 할리우드는 여전히 루스벨트 호텔에서 열린 제1회 아카데미상 시상식의 박수갈채 소리에 휩싸여 있다. 우리의 멋진 3인조는 아름다운 아파트에서 점심을 먹으며 미술관 설립에 대한 이야기를 나누는 중이다. 언제가 좋을까? 6개월 후가 좋겠다. 그렇게 해서 1929년 11월 7일 맨해튼 5번가에 자리한 헥셔 빌딩의 임대 시설에서 개막전이 열린다. 불과 2년 후인 1931년 3월 2일, 릴리는 암 투병 와중에도 벅찬 가슴을 안고 툴루즈로트렉/오딜롱 르동 전시회를 방문한다. 그로부터 열흘 뒤 숨을 거둔 그녀는 소장품 대부분을 미술관에 기증한다. MoMA는 순항을 이어 간다. 27세에 관장을 맡아 1947년까지 미술관을 이끈 알프레드 해밀턴 바는 힘주어 말했다. "뉴욕은 이제 런던, 파리, 베를린, 뮌헨, 모스크바, 시카고와 마주 볼 수 있는 위치에 있습니다."

파리 루이비통 재단은 2017년 200여 점의 작품을 선정해 MoMA의 역사를 돌아보는 초청 전시회를 열었다. 2019년 네 번째 확장 공사를 마친 미술관은 이제 세계의 모든 문화와 학문을 관람할 수 있는 규모가 되었다. 이는 음악 및 영화 프로듀서 데이비드 게펜의 기부와, 록펠러 재단의 수장 데이비드 록펠러의 후원 덕분이다. 그는 애비 앨드리치와 존 D. 록펠러의 막내아들이다.

Queen Elizabeth II

우리는 여전히
그녀를
잘 모른다

엘리자베스 2세 여왕(1926-, 영국)
영국 역사상 재위 기간이 가장 긴 군주(1952-현재)

2015년 사우디아라비아의 압둘라 국왕이 향년 90세에 사망하고, 2016년 태국의 푸미폰 아둔야뎃 국왕이 89세의 나이로 유명을 달리하면서, 엘리자베스 2세 여왕은 현존하는 군주 가운데 최고령자가 되었다. 2021년 4월 95세 생일을 맞았을 때도 이는 유지되었다. 첫 번째 기록이다! 여왕이 보유하고 있는 다른 기록은 영국 역사상 가장 긴 재위 기간이다. 긴 통치 기간을 자랑하는 이 대영제국 여성 군주는 2021년 7월 국가와 성공회 최고 수장 자리를 지킨 지 69년째가 된다. 여왕이 되고 싶지 않았던 그녀인데 말이다. 계산을 더 해보자. 엘리자베스 여왕은 2015년에 이미 64년이라는 최장수 재위 기록 보유자 고조할머니 빅토리아 여왕을 넘어섰다. 마치 윔블던 토너먼트라도 보는 기분이다.

그런데 '통치하다'보다는 '섬기다'라는 동사를 더 선호하는 그녀에게 이러한 기록이 그만한 가치가 있을까? "이런 기록은 제가 열망했던 것이 아닙니다." 여왕은 스코틀랜드 연설에서 말했다. "긴 인생을 살다 보면 불가피하게 여러 중요한 단계를 지나는 법입니다. 저도 예외는 아닙니다." 하지만 니콜라 스터전(2014년 임기를 시작한 스코틀랜드 역사상 최초의 여성 총리) 스코틀랜드 총리가 참석한 가운데 부군 필립 공과 함께 증기기관차를 타고 보더스 레일웨이를 개통하는 날, 여왕은 분명 가장 오랫동안 재위한 영국 군주가 되었다는 점을 언급할 필요는 있겠다. 그녀는 1849년 빅토리아 여왕 치세에 생겨나 1969년 폐쇄된 이 오래된 철로가 부활하는 자리에 있다는 사실 그 자체를 즐거워했다. 여왕은 스코틀랜드 밸모럴 성에서의 여름휴가 일정을 변경하면서까지 이 행사에 참여했으며, 결국 호화로운 행사로 만드는 데 성공한다.

그러나 이 긴 생애로부터 우리가 그녀에 대해 안다고 말할 수 있는 것은 없다. 우리는 거의 아무것도 모른다. 그런 중요한 단계들에서 그녀는 무엇을 배웠을까? 어떤 취향과 정치적 성향을 지녔나? 처칠, 드골, 스탈린, 만델라, 마릴린 먼로, 데이비드 보위 등 그녀가 살아오며 마주친 그 시대의 상징과 같은 인물들로부터, 그녀가 겪은 모든 역사적인 사건들로부터 그녀는 우리에게 무엇을 전해 줄 수 있을까? 자신이 작위를 내린 록스타들을 어떻게 생각할까? 또 그 밖의 많은 것들에 대해서는?

스물여섯에 여왕이 된 이 비범한 운명의 주인공은 아무 말이 없다. 세계적인 아이콘이자 세상에서 가장 유명한 여성. 그녀를 수식하는 최상급 형용사는 너무나도 많다. 사람들이 이토록 그녀에게 매료되는 것은 단순히 군주제가 낡은 관습이 된 시대에 현존하는 제국의 여왕이기 때문만은 아니다. 어쩌면 그녀가 여전히 베일에 가려진 인물인 까닭인지도 모른다. 완전히 달라진 사회에서 여왕이 원피스와 모자, 조화로운 색의 꽃다발을 손에 든 한결같은 모습으로 결코 변하지 않을 것 같은 버

팀목으로 존재하고 있으며, 통치하는 것이 아닌 섬길 것을 맹세한, 대관식에서의 서약에 어긋나지 않도록 더 잘하는 방법을 아마도 누구보다 잘 아는 인물이기 때문이리라. 코로나 바이러스가 한창일 때 엘리자베스 2세는 구급대원으로 일한 2차 세계대전 당시의 일을 떠올렸을 것이다. 2020년 4월 대국민 텔레비전 연설에서 여왕은 당황하지도 호언장담하지도 않았다. 그저 국민을 안심시키는 희망과 박애를 담은 메시지를 전했다. "우리는 다시 만날 것입니다."

영국과 세계 곳곳의 많은 이들은 사회적인 문제나 정치적 사안에 대해 여왕과 의견을 나누지 않는다. 그렇다고 왕관을 쓰고 저 위에서 퍼레이드나 지켜보게 내버려 두지도 않는다. 하지만 여왕을 향해 "하나님, 여왕 폐하를 지켜 주소서!"라고 말한다. 그들만의 '영국적'인 방식이다.

Stéphanie Frappart

그녀는
선수들과
함께 뛴다

스테파니 프라파르(1983-, 프랑스) 메이저 축구 대회 최초의 여성 심판(2019)

2019년 4월 『르몽드』와의 인터뷰에서 "주말마다 아마추어 수준의 욕설을 들으며 심판 일을 계속하려면 무엇보다 일에 대한 열정이 있어야 한다."고 토로하던 그녀는 그야말로 잘 버텨 냈다. 2019년 11월 서른다섯의 스테파니 프라파르는 세계 최고의 여성 심판으로 선정된다. 프랑스인 중에는 유일하게 미셸 보트로가 1980년대에 해당 타이틀을 획득한 바 있다. 그녀의 긴 성공 목록에 새 트로피가 추가되었다. 스테파니는 프랑스에서 이미 최고 수준의 유일한 여성 주심이다. 주요 5개 선수권 대회에서 이 정도 위치에 올랐던 여성 심판은 스테파니와 독일의 비비아나 슈타인하우스, 이렇게 둘뿐이다.

그녀가 지나온 길을 살펴보자. 그녀를 위해, 또 축구계에서 여성의 위치를 알아보기 위해서 말이다. 남성 중심의 환경이야 원래도 존재했지만, 그중 최고는 축구계일 것이기 때문이다. 시간을 약간 앞으로 돌려 보겠다. 여성이 언제 축구를 하기 시작했는지 아는가? 1917년이다.

스테파니에게 축구는
어린 시절부터 삶의 일부였다.
심판의 길을 가기로 마음먹은
열세 살에 이미 그녀는 반감과
성차별적인 발언 등 앞으로
겪게 될 시련을 알고 있었다.

1920년에는 프랑스 잉글랜드 간 여자 축구 대회가 개최되기도 했다. 하지만 몇 년 후 프랑스에서 여자 선수들의 경기장 출입이 금지된다. 영국의 경우도 마찬가지. 그러다 1960년대 후반에 이르러 여자 축구가 부활했다.

스테파니에게 축구는 어린 시절부터 삶의 일부였다. 심판의 길을 가기로 마음먹은 열세 살에 이미 그녀는 반감과 성차별적인 발언 등 앞으로 겪게 될 시련을 알고 있었다.

하지만 이 자칭 '열정적인 고집쟁이'는 굴복하지 않았다. 신체 및 스포츠 활동 과학과 기술을 공부한 그녀는 2011년 FIFA 여자 월드컵 결승전에서 주심을 맡는다. 불과 3년 후인 2014년, 최고 여자 심판 타이틀을 거머쥐었고, 여성 최초로 프랑스 남자 프로 리그2 경기 심판을 맡기에 이른다. 2019년의 여정은 에필로그가 있는 3막 구성의 극劇에 가깝다. 6월에 그녀는 프랑스 최고 리그인 리그1 경기를 주관한 최초의 여성 심판이 된다. 7월 여자 월드컵 결승 주심을, 8월에는 남성 메이저 경기 심판을 맡으며 눈부신 상승을 향한 결정적인 한 걸음을 내딛는다. 그 경기는 터키 이스탄불에서 열린 UEFA 슈퍼컵. UEFA 슈퍼컵은 매해 UEFA 챔피언스리그 우승팀과 UEFA 유로파리그 우승팀이 맞붙는 수준 높은 경기로, 스테파니는 리버풀 대 첼시전戰 심판을 맡았다. 이는 UEFA 슈퍼컵 역사상 최초로 여성 심판이 주관한 경기로 남는다. 2004년과 2009년 사이에 이보다 작은 규모의 세 경기 심판을 본 스위스의 니콜

프티냐를 제외하면, 유럽컵 역사상 이런 일은 전무하다. 끝으로, 화려했던 해의 에필로그는 11월에 열린 올 아일랜드 챔피언스컵이 되겠다.

프랑스만 놓고 볼 때 축구계의 여성 종사자 비율은 4퍼센트(2019년 기준)에 불과하지만, 오늘날 심판 직군에서 여성의 비율은 조금씩 늘어나는 추세다. 개선된 점이라면 사람들이 바라보는 시선이 달라졌다는 것. 선수들은 이제 스테파니를 신장 164센티미터의 가녀린 여성으로 보지 않는다. 일 처리를 매우 잘하는, 자신들이 존중해야 하는 심판으로 바라본다. 남녀평등에 대한 암묵적인 인정일까? 그녀가 숲을 가리는 큰 나무로만 남았다면 문은 반쯤 열리는 데 그쳤을 것이다. 어린 소녀와 여성 들에게 심판이 되는 길을 열어 주는 선구자로서의 역할이 그녀에게는 진정 중요한 일이었다.

Zaha Hadid

형태를
띤 빛

자하 하디드(1950–2016, 이라크/영국) 여성 최초로 프리츠커상 수상(2004)

앞서 수많은 상을 받은 후에 드디어 '인정'의 순간이 왔다. 2004년 건축계의 노벨상이라 불리는 프리츠커상을 수상하면서 건축 의뢰가 쇄도한다. 자하 하디드는 이제 디바라 불리게 되었다. 언젠가 팬들이 '내가 남자여도 사람들은 날 디바라고 부를까?'라는 문구가 인쇄된 티셔츠를 입고 그녀를 맞은 적도 있단다. 그녀는 여자라고 특별하게 여겨지는 상황을 싫어했다. 하지만 실제로 벌어진 일이다. 사람들은 스타의 이름을 말하듯 하디드를 부른다. 건축계에서는 유례가 없는 일이다. 전 세계 언론은 모든 종류의 비교와 은유를 사용해 그녀를 설명한다. 암사자, 형태의 모차르트, 곡선과 기하학의 여왕, 소아시아의 여신⋯⋯. 그녀가 1980년 정착한 영국의 엘리자베스 2세는 그녀가 사망하기 1년 전, 남성의 기사 작위에 해당하는 '데임Dame' 작위를 그녀에게 수여했다.

세계 곳곳에서 이 이라크 출신 건축가의 구조물을 볼 수 있다. 그냥 하는 말이 아니다. 바젤에서 베이징, 스트라스부르에서 서울, 대만에서 나폴리, 밀라노, 바르셀로나, 런던, 라바트에 이르는 모든 곳에서 하디드의 '해체주의적'인 장대한 건축물은 큰 화제가 되었다. 마구잡이로 나열해 보자면, 로마 21세기 국립현대미술관MAXXI, 2012년 런던 올림픽 수영 경기장, 바레인 국립박물관, 글래스고 리버사이드 교통 박물관, 독일 볼프스부르크 파에노 과학센터, 대만 구겐하임이 그녀의 작품이다. 광저우 오페라하우스, 카디프 오페라하우스 역시 그녀의 손끝에서 나왔다. 라이프치히 소재 BMW 공장 건물, 신시내티의 현대 미술센터, 맨체스터의 임시 강당, 사라고사의 다리―그녀는 다리를 정말 좋아했다―등에 모두 자하 하디드의 서명이 들어가 있다. 프랑스만이 과감하지 못했다.

하지만 초기에는 순탄치 않았다. 첫 주문을 따냈을 때가 그녀 나이 마흔셋. 독일 비트라Vitra 가구의 공장 및 전시관 부지에 지은 건물로, 당시 회사 대표이자 미술, 디자인, 건축 수집가였던 롤프 펠바움의 의뢰였다. "처음에 의자 디자인을 의뢰받은 하디드는 이를 거절하고, 최종적으로 멋진 소방서 건물을 디자인하기에 이르렀지요." 비트라의 프랑스 지사 대표인 이자벨 드 폰필리는 말했다.

그녀의 강렬하고 완고한 면은 아버지를 닮았다. 아버지 무함마드 알하지 후세인 하디드는 모술의 부유한 기업가로, 1930년대부터 이라크 민주당을 창당하는 등 적극적인 정치 참여를 해왔고, 어머니 와지하 알사분지는 예술가였다. 어린 자하는 두 형제와 함께 스위스로 유학을 떠났고, 이후 수학 공부를 하러 베이루트로, 영국건축협회 산하 학교에 들어가기 위해 런던으로 건너간다. 교수 렘 쿨하스는 자신의 1977년 졸업생 제자를 두고 '흉내 낼 수 없는 궤도를 도는 행성'에서 왔다고 표현했

다. 자하 하디드가 작품을 통해 자신의 이야기를 하는 책에 2008년 제 11회 베니스 비엔날레 감독이었던 동료 건축가 아론 베츠키^{Aaron Betsky}는 다음과 같은 서문을 썼다. "그녀는 훌륭한 시네아스트다. 그녀의 시선은 카메라의 그것과 닮았다. 슬로모션으로 파노라마로 이동을 하며, 클로즈업, 클린 컷, 서사적인 리듬으로써 도시를 지각한다. (…) 그녀는 0.1초의 파열을 만들어 낸다."

2016년 3월 31일부로 이야기는 끝이 난다. 타오르는 눈빛과 낮지만 열정적인 목소리의, 펠리니 영화에서 튀어나온 듯한 건축가는 마이애미의 한 병원에서, 자식도 남편도 아닌 400명이 넘는 스태프를 남긴 채 65세로 사망한다. 불과 한 달 뒤, 그녀의 유작 중 하나인 이탈리아 살레르노 해양터미널이 준공되는데, 포스터는 다음의 비문으로 그녀를 상기시킨다. '잘 가요, 자하 하디드. 현대적이고 천재적이며, 영감이 넘치고 변화무쌍한, 그리고 형태를 띤 빛과 같았던 그대여!' 아랍어로 '철'과 '빛'을 의미하는 그녀의 이름은 그야말로 운명과 같은 것이었다.

Herminie Cadolle

코르셋으로부터
해방

에르미니 카돌(1842-1924, 프랑스) 브래지어 발명(1889)

코르셋 공장 노동자. 역사는 그녀의 직업을 이렇게 부르고 싶어 한다. 하지만 사실은 조끼나 란제리 제조 노동자에 가까웠다. 코르셋이었다고 해두자. 어쨌거나 20세기 초까지 여성들은 코르셋을 입었으니까. 확실한 것은 그녀가 파리 최초의 의류 체인점인 '라 벨 자르디니에르La Belle Jardinière'에서 일했다는 사실이다. 이 퐁네프의 전설적인 백화점은 현재는 없다. 에르미니 카돌은 그 밖에도 많은 일을 했다. 혁명 지지자로서 1871년 파리 코뮌에 가담했으며, 최초의 페미니스트 단체의 일원이었다. 파리 코뮌 가담자와 결혼했고, 루이즈 미셸(160쪽 참조)처럼 부부 모두 체포돼 감옥에 들어갔다가, 1888년 부에노스아이레스로 달아난다.

그 무렵 부에노스아이레스에는 발전과 더불어 급격한 사회 변화가 일어나는 중이었다. 아르헨티나에 자유의 바람이 불었다. 정교분리가 채택되고, 마침내 속박에서 벗어났다. 에르미니는 지구 반대편에서 란

N° 41605. " Corselet "
SOUTIEN-GORGE, en filet rose, bleu.
blanc, baleinages différents pour soutenir
ou simuler la poitrine.
9.75

제리를 제조하면서 시대의 흐름을 타고 있었다. 그녀는 또 다른 혁명에 시동을 걸었다. 바로 코르셋에 갇힌 여성의 몸을 해방하는 것이다.

여성들이 코르셋을 입은 지, 아니 견뎌 온 지 500년이 넘었다. 진정한 고문 도구인 코르셋은 몸을 압박하고 흉곽과 위를 짓누르고 호흡을 힘들게 해, 입고 있다 기절하는 사람도 있었다. 에르미니는 한 번의 가위질로 코르셋을 반으로 싹둑 자른다. 휴, 여성들이 마침내 숨을 쉴 수 있게 되었다. 전체적인 지탱을 위해 어깨 끈과 기발한 W 자 형태를 채용한다. 이것이 최초의 브래지어다. 그녀는 제품에 '안락함Bien-être'이라는 이름을 붙인다.

> 에르미니는 한 번의 가위질로 코르셋을 반으로 싹둑 자른다. 전체적인 지탱을 위해 어깨 끈과 기발한 W 자 형태를 채용한다. 이것이 최초의 브래지어다.

막 완공된 에펠탑 부근에서 개최된 1889년 파리 만국박람회에서 에르미니의 발명품이 소개된다. 반응은 미적지근했지만 그녀는 특허 등록을 해둔다. 패션 유행이 점차 몸을 덜 조이는 옷을 입는 것으로 바뀌자 그녀의 발명품은 인기가 치솟는다. 하지만 에르미니의 브라가 확실히 자리 잡게 된 데는, 운동을 하는 여성이 늘어난 점, 그리고 무엇보다도 1차 세계대전 당시 징집된 남자들 대신 여자들이 공장에서 일하기 시작한 점이 크게 작용했다. 공장에서는 움직임에 제약이 없어야 하지 않나. 여세를 몰아 그녀는 파리에 작업장을 만들고 백화점들이 많은 쇼세 당탱 로路에, 이후 1911년 캉봉 로 4번지에 가게를 연다. 한 해 앞서 같은 거리 21번지에 샤넬 양의 모자 가게가 문을 연 참이었다. 운명을 믿는 이들에게 말해 두자면, 이 유명한 캉봉 거리의 이름은 원단 제조업자 아버지를 둔 국민공회 소속 한 혁명가의 이름을 딴 것이다. 꾸며 낸 이야기가 아니다. 1949년 에르미니는 당시 패션 업계에서 가장 높게 평가받던 니먼 마커스상을 수상한다. 다행히 카돌 가家에는 딸이 있었다. 현재 6대손이 브랜드를 맡고 있으며, 카돌은 프랑스와 전 세계에 60여 개의 매장을 두고 있다.

1913년 카돌 여사의 발명품은 아직 대서양을 건너기 전이었다. 하지만 그곳에서도 코르셋을 향한 비판은 계속되고 있었다. 메리 펠프스 제이콥이라는 여성은 "정말이지 너무 추하다."라고 일갈했다. 무도회 드레스를 입을 때면 코르셋이 네크라인 밖으로 삐져나오고, 지지대 때문에 얇은 드레스 원단이 변형되기 일쑤였으므로. 그녀는 이 끔찍한 흉부 압박기 치세에 종언을 고하기로 한다. 그리고 실크 손수건 두 장, 끈과 리본을 바느질로 한데 엮어 두 개의 삼각형 천을 만드는데, 이것이 오늘날의 브래지어다. 메리는 미국 특허청에 정식 등록된 이 발명품을 워너 브라더스 코르셋 회사에 넘기고, 회사는 브래지어 판매로 대박을 터뜨리지만 1930년의 경기 불황으로 무너지고 만다. 훗날 메리는 이름을 커레스Caresse로 바꾼다. 미국 여성들의 가슴을 오랜 속박에서 풀려나게 한 그녀에게 어울리는 예쁜 이름(caresse는 프랑스어로 어루만짐을 뜻한다-옮긴이)이다.

Rose Bertin

그녀들의
왕국

로즈 베르탱 외 패션계를 빛낸 여성들(18세기-현재)

1775년 마리 앙투아네트가 '패션 장관'으로 승격시킨 모자 디자이너가 있다. 루이 16세는 자신의 배우자로 하여금 궁정의 여인들이 가장 멋지게 의복을 갖춰 입는지 신경 쓰도록 하지 않았을까? 그리하여 트레 갈랑Trait Galant(파리 소재 패션숍-옮긴이)에서 여성 모자 디자이너가 되려고 파리로 올라온 피카르디 출신 16세 마리 잔 베르탱, 일명 로즈 베르탱의 운명이 바뀐다. 그곳의 단골손님은 상류사회 여성들. 러시아 궁정은 매달 트레 갈랑에서 의상을 받았다. 수습생 로즈는 궁정에서 콩티 공주의 마음에 들었다. 샤르트르 공작부인은 그녀를 마리 앙투아네트에게 소개했다. 그렇게 귀족들을 단골로 만들면서 로즈는 '그랑 모골Grand Mogol'이라는 자신의 가게를 열고, 높고 화려한 머리 장식, 모슬린 모자, 실크 드레스를 만들면서 궁정 내 패션에 큰 영향력을 행사한다. 여성 패션 분야에서 나온 첫 번째 성공 스토리는 이 '꾸미기 좋아하는 사람' 또는 '평민'에게서 나왔다. 디자이너 마우리치오 갈란테에 따르면

"그녀는 모든 공예품을 모아 놓은 공방 겸 쇼룸, 최초의 콘셉트 스토어를 만들었다." 루이 14세가 1675년 여성들에게 해당 일에 종사하는 것을 허가한 이래 여성 모자 디자이너 조합이 여성 위주였던 것은 맞지만, 기실 1차 세계대전 이후에야 비로소 여성 디자이너들이 본격적으로 활동하기 시작했다.

그렇게 잔 파캥이 등장한다. 우아한 이브닝드레스, 일본풍 스타일, 그녀가 '지하철 문명' 복장이라 부른 제품들, 그리고 예술계와의 협업을 통해 그녀는 1891년부터 패션계의 개척자로 떠오르며, 파리, 런던, 뉴욕, 마드리드, 부에노스아이레스에 지점을 열었다. 그리고 또 다른 잔이 있다. 잔 랑방에 대해 크리스찬 디올은 당시 무도회에서 옷을 가장 잘 입은 여성은 랑방 드레스를 입은 여성이라고 말하기도 했다. 마들렌 비오네 여사는 고대 그리스에 매료된 순수주의자로, 1920년대부터 두각을 나타내기 시작했다. 바이어스 재단, 드레이핑, 맨발에 부드러운 촉감의 드레스를 입은 모델들, 그리고 무엇보다 그녀의 파리 몽테뉴 가 의상실 근무 환경으로 유명했다. 그녀의 신조는 여성 해방이었으며, 의상실에는 구내식당을 비롯해 무료 의료 및 치아 검진 센터, 탁아소가 갖춰져 있었다. 또한 마들렌은 모조품에 반대하는 목소리를 내고, 본인의 작품 상당수를 기증—현재 파리 장식미술관에서 관리하고 있다—한 최초의 여성들 중 한 명이기도 하다.

귀족 가문 출신 엘사 스키아파렐리. 가까운 이들에게는 스키아프라 불린 이 이탈리아 태생의 디자이너는 더욱더 패션과 예술의 경계를 허물었다. 자서전 『쇼킹 라이프Shocking Life』에서 예술가들과 함께 일한 경험을 '엄청난 행운'이었다고 술회한 바 있다. 위베르 드 지방시를 고용

JEANNE PAQUIN

ROSE BERTIN

한 1945년에 이미 그녀는 니트 스웨터, 스포츠웨어, 치마바지, 랩 원피스, 쇼킹 핑크 등을 고안해 냈으며, 최초로 드레스에 지퍼를 다는 등 모던함의 정점을 찍고 있었다. 그녀의 호적수 시대의 아이콘 샤넬은 더 나은 옷을 만들고 싶었다. 남성복과 여성복의 경계를 오가는 유니섹스 패션의 시초라 할 스타일과 제복 콘셉트를 제안한 것이 바로 그녀다.

세련된 디자이너 마담 그레는 마치 조각가처럼 저지에 매혹적인 주름을 새겨 넣었다. 그녀의 드레스에는 창작 과정이 그대로 드러난다. 당시 『보그』 편집장이던 에드몽드 샤를루는 그녀를 '쥐로 변장한 독재자'로 묘사한다. 마담 그레는 고집쟁이라고도 불렸는데, 1959년 자신이 만든 첫 번째 향수에 '카보샤르'(cabochard는 프랑스어로 고집쟁이를 의미한다-옮긴이)라는 이름을 붙였으니, 딱 맞는 별명이 아닌가. 한편, 로마의 폰타나 세 자매는 1943년에 엘리자베스 테일러, 그레이스 켈리, 재클린 케네디, 에바 가드너 같은 미국의 유명인과 디바들이 한달음에 달려오는 왕국을 만들었다.

이 대열을 뒤따르는 인물이, 스윙잉 식스티즈의 상징 메리 퀀트, 프레디 머큐리에게 옷을 입힌 핑크 머리 디자이너 잔드라 로즈, 괴짜에 펑크 패션의 여왕 비비안 웨스트우드다. 안젤라 미소니와 질 샌더도 언급해야 할 것이며, 관습을 거부하는 패션의 기둥인 꼼데가르송의 디자이너 가와쿠보 레이와 페미니스트 미우치아 프라다도 빼놓을 수 없겠다.

끝으로 마리아 그라치아 키우리에게도 존경의 박수를 보낸다. 2020년 1월 로댕미술관 정원에서 열린 패션쇼에서 이 디올 디자이너는 코르셋을 입든 말든 여성에게는 자신이 원하는 대로 입을 자유가 있음을 거듭 주장했다.

Tarana Burke

여성들 간의
공감과 연대

타라나 버크(1973–, 미국) 미투 운동을 처음 시작하다(2006)

미투 운동에 대해 들어 본 적이 없다면 지구를 떠나야 할 것이다. 2017년 10월 미국 배우 알리사 밀라노가 트위터에서 미투 해시태그 #MeToo를 사용해 성폭력을 고발하자고 여성들을 독려하면서 미투 운동은 더욱 확산되었다. 몇 주 지나지 않아 1천200만 건 이상의 트윗이 뒤따랐다. 성추행과 강간 혐의로 기소된 할리우드 영화 제작자 하비 와인스타인 사건을 계기로 이러한 움직임은 전 세계로 퍼져 나갔다. 한데 미투 해시태그는 벌써부터 존재하던 것이다. 처음 사용한 사람은 타라나 버크로 2006년의 일이다.

할렘 출신의 아프리카계 미국인 사회복지사 타라나는 슬프게도 삶의 비극을 듣는 일에 익숙해져 있었다. 하지만 열세 살 소녀가 강간 피해를 털어놓았을 때, 그녀는 끝내 '나도 그랬어me too'라고 말하지 못했다. 그녀 역시 성폭행 피해자였다. 여성이자 흑인이라는 이중고 속에서 타라나는 인종차별적 폭행도 당했다. 그리고 절망에 빠진 소녀를 충분히 도

와주지 못한 일을 두고 오랫동안 후회했다. 만약 그때 "미투"라고 대답했더라면, 결과가 크게 달라졌을까?

타라나는 그렇게 폭행 피해 여성들, 특히 인종차별적 공격과 성폭행 위험에 동시에 노출돼 있는 흑인 여성을 지지하고 보호하기 위한 운동을 시작한다. 왜냐하면 "혼자라고 느끼지 않는 게 중요하니까요. '나도 그랬다'고 말하고 공감을 표현함으로써 우리는 피해자와 연대하게 되고, 여성들끼리 의견을 나누는 장을 마련하게 됩니다."라고 그녀는 말한다. 그러고 나면 피해자인 상태를 넘어서기가 보다 수월해지고, 정신적 외상에서 벗어나면서 그녀들 스스로 힘을 되찾는 일이 쉬워진다. 워크숍을 통해, 나중에는 소셜 네트워크를 통해 여성들을 위한 교류와 지원의 틀이 마련된다.

> "혼자라고 느끼지 않는 게 중요하니까요. '나도 그랬다'고 말하고 공감을 표현함으로써 우리는 피해자와 연대하게 되고, 여성들끼리 의견을 나누는 장을 마련하게 됩니다."

알리사 밀라노가 미투 해시태그의 존재를 알고 나서 타라나에게 감사의 마음을 전하고자 그녀를 TV쇼에 초대했다. 그때부터 유명해진 타라나는 엔터테인먼트 산업과 정치계의 성性과 연관된 악습을 규탄하는 발언을 미디어를 통해 자주 들려주었다. 많은 상을 받았으며, 2017년 올해의 인물 100인에 선정되고 나서 2018년에는 『타임』지 표지를 장식하기도 했다. 그러나 냉철한 머리와 비판 정신을 가진 타라나는 미투 운동이 본래의 의도에서 벗어났다고 생각한다. 피해자를 지지하기 위해 만들어진 운동이 지금은, 그녀의 말을 옮기자면, '남성들에 대항하는 복

수심에 찬 결탁'처럼 묘사되고 있다면서, 그녀는 '우리가 어쩌다가 이런 지경에 이르렀는지' 묻는다. 그녀는 현재 뉴욕에서 진행되는 양성평등을 위한 여성Girls for Gender Equity 캠페인 대표로서 피해자 주변에서, 특히 흑인 여성들 곁에서 일하고 있다. 확실히 이런 분야에 있어 소셜 네트워크는 많은 것을 가져다줄 수 있기는 하나 절대적일 수는 없는 것이다.

Sophie Berthelot

부부의
미덕에
허락된 것

소피 베르틀로(1837–1907, 프랑스) 프랑스 여성 최초로 팡테옹에 안장(1907)

처음으로 한 남자에 관한 이야기로 시작해 볼까 한다. 그렇지만 마르슬랭 베르틀로라는 이름은 아마도 생소할 듯하다. 화학자이자 생물학자인 그는 콜레주 드 프랑스에서 화학 교수로서 많은 연구를 했으나 특허는 출원하지 않는 사심 없는 태도로 과학에 임했다. 우선 그는 제3공화국 상원의원이었으며, 당시 명칭으로 공교육 예술부 장관, 이후 외무부 장관을 지냈다. 여기서 이 남성을 언급한 까닭은 1907년 국가가 감사의 의미로 그를 팡테옹에 안장했다는 사실을 알려 주기 위함이 아니라, 그보다 몇 시간 앞서 세상을 떠난 그의 사랑하는 아내 소피가 그와 함께 팡테옹에 입성했다는 것 때문이다.

2018년 7월 1일, 앙투안 베유가 배우자인 시몬 베유(281쪽 참조)를 따라 팡테옹에 묻힐 수 있었던 것이 그들의 혼인 관계 때문이라면, 20세기 초 소피의 사례는 아내가 죽은 지 한 시간 만에 슬픔에 사로잡힌 한 남편의 절망감이 원인이었다. 그 결과 소피 베르틀로는 존엄한 프랑스

국립묘지에서 영면한 최초의 여성이 되었다. 그녀를 향한 남편의 무한한 사랑 외에는 다른 이유가 없었다.

실증주의가 득세하던 시대에 태어난 마르슬랭은 과학이 모든 것을 설명할 수 있다고 믿던 역사의 한 시대를 살아오면서 사랑만은 설명되지 않는다는 사실을 입증한 남자였다. 아내가 병에 걸렸을 때, 그는 여섯 명의 자식들에게 그녀 없이는 살 수 없다고 말하곤 했는데, 실제로 그랬다. 이례적인 데다 지금까지도 설명이 안 되는 마르슬랭의 죽음은 정치계를 감동시켰다. 당시 대통령 아르망 팔리에르는 서로를 너무도 사랑하는 이 부부의 소원을 들어주고 싶었다. "서로를 지극히 사랑했던 부부는 살아 있을 때 그랬듯 죽어서도 떨어지지 않게 해달라고 부탁한 바 있습니다." 대통령의 말이다. 두 고인을 향한 추념사는 소피와 같은 낭트 출신인 아리스티드 브리앙 장관이 맡았다.

물론 소피가 남편의 연구를 돕기도 했지만, 그녀를 팡테옹에 남편과 함께 안장하기로 한 데는 '부부의 미덕에 대한 경의'를 표하는 목적이 크다고, 1907년 3월 25일 브리앙 장관은 추념사를 통해 밝혔다. 그렇다. 당신은 제대로 읽었다. '부부의 미덕'이다. 그는 이어 말했다. "베르틀로 여사는, 아름답고 우아하고 온화하고 다정하고 교양 있는 여성으로, 한 천재적인 남자의 관심사와 꿈, 일과 하나가 되는 보기 드문 모든 자질을 갖춘 사람입니다. 그녀는 베르틀로와 살며 감정과 생각의 공동

그 결과 소피 베르틀로는 존엄한 프랑스 국립묘지에서 영면한 최초의 여성이 되었다. 그녀를 향한 남편의 무한한 사랑 외에는 다른 이유가 없었다.

체를 이루었으며, 이는 두 사람을 같은 심장으로 뛰고 하나의 정신으로 빛나게 하는 완벽한 한 쌍의 부부로 묶어 주었습니다."

정말 다행스럽게도 이후 이 같은 남성 우월주의적인 발언은 더는 나오지 않는다. 팡테옹은 남성이든 여성이든 인간 그 자체, 하나의 인격으로서 '위인'을 받아들인다. 현재 팡테옹에는 5인의 여성이 잠들어 있다. '팡테옹의 무명인'이라 불리는 소피 베르틀로, 마리 퀴리, 제르멘 틸리옹, 주느비에브 드골 앙토니오즈와 시몬 베유가 그 주인공이다. 사정이 이러하긴 하지만, 이 엄숙하고 근엄한 납골당 앞을 지날 때 우리의 '무명인'을 떠올리며 사랑에 대해 생각해 보는 것은 어떨지.

무대라는
일터

이사벨라 카날리 안드레이니(1562-1604, 이탈리아)
최초로 연극 무대에 선 여성(1589)

이번에는 여성 배우들에 대한 이야기다. 오랫동안 여자 배역은 필요하다면 신체 일부를 욱여넣어 가린 남성이 맡아 왔다. 모든 나라가 같은 제한을 따르지는 않았다. 중국에서는 18세기까지 여성에게 연기가 허용되었다. 심지어 일본의 가부키는 1603년 이즈모노 오쿠니라는 한 여성이 만든 것이다. 물론 전자든 후자든 오랜 시간 무대에 설 수 있었던 것은 아니다.

서양에서 여성은 16세기에 이르러서야 무대에 오를 수 있었다. 1545년 마리 페레와 앙투안 드 레스페로니에르 사이에 체결된 부르주 공증인 증서는 여성 곡예사와 단장 간 계약이 있었음을 증명하는 자료다. 곡예사는 1년 동안 여러 도시를 순회하며 '여러 이야기, 교훈, 희극, 무용'을 공연하기로 약속한다. 단장은 그 대가로 곡예사에게 숙식 제공과 더불어 12리브르(프랑스의 옛 화폐 단위-옮긴이)를 지급한다. 남편이 동석하지 않은 상황에서 맺은 계약은 남편의 동의를 얻지 못하면 파기

된다는 조항도 있다. 마리 페레는 틀림없는 프랑스 연극계 최초의 전문 여배우다.

보다 귀족적인 장르로 넘어가자면, 이탈리아 출신 카트린 드 메디시스(앙리 2세의 왕비-옮긴이)는 코메디아 델라르테(16,17세기에 이탈리아에서 유행한 즉흥 가면극-옮긴이)에 출연하는 여배우들을 몹시 좋아했다. 베지에 미술관이 소장한, 프랑수아 뷔넬의 작품으로 간주되는 「배우들」이라는 그림에는 두 명의 여배우가 있다. 파리 카르나발레 박물관의 제작 연도가 1580년이라 적힌 한 작품에는 이탈리아 연극 공연단이 그려져 있다.

일부 역사학자들은 그중 한 명이 이사벨라 카날리 안드레이니라고 보고 있다. 아름다운 이사벨라가 무대에 처음 오른 것은 열여섯 살 때다. 무대에서 미래의 남편 프란체스코 안드레이니를 만나고, 함께 젤로시 극단을 운영한다. 코메디아 델라르테에서 사랑에 빠진 여자 역할에 자신의 이름을 붙이는 것으로 유명한 이사벨라는 스스로 작품을 쓰고, 피렌체에서 무대에 올라 직접 연기를 선보인 최초의 여성이 된다. 해당 무대는 1589년 5월 13일 페르디난도 데 메디치와 크리스틴 드 로렌의 호화로운 결혼 피로연에서 선을 보였다.

몇 년이 흐르고, 이 파도바 출신 젊은 이사벨라는 그녀의 열렬한 팬인 시인 가브리엘레 키아브레라의 응원에 힘입어 로마에서 열린 시詩 경연 대회에 참가한다. 대회에서 그녀는 2위에 오르는데, 1위는 바로 18세기까지 유럽 전역에 전파되며 바이런과 괴테에게 영감을 준 이름난 서사시인 토르콰토 타소, 일명 타스였다.

파도바에서 높은 명성을 자랑하는 인텐타 아카데미가 곧 그녀에게

문을 열어 준다. 얼마 후 피에트로 알도브란디니 추기경을 기리는 시집이 출간되면서 그녀는 프랑스 전역을 순회할 기회를 얻는데, 1603년 앙리 4세의 궁정에서 공연한다. 왕 앞에 선 최초의 여성 배우였다! 애석하게도 이사벨라는 이탈리아로 돌아가는 길에 여덟 번째 아이를 출산하러 잠시 들른 리옹에서 마흔둘의 나이로 사망한다.

혼동하지 말아야 할 것이 있다. 16세기부터 여배우의 몸집이 커진 것은 부분적으로는 여자로 분한 남자 배우의 성적인 모호성을 피하기 위해 여배우를 쓰는 과정에서 불가피하게 얻어진 결과라고 봐야 한다.

다음 단계를 위한
의미 있는
출발

카멀라 해리스(1964-, 미국) 미국 최초의 여성 부통령(2020)

2008년 전 세계를 흔들어 놓은 미국 제44대 대통령 선거의 열기를 기억하는가? 정말 대단했다! 그러나 도널드 트럼프를 누르고 46대 대통령이 된 조 바이든이 카멀라 해리스를 부통령에 임명한 것은 분명 그만큼의 반향은 없었다. 하지만 선거 '공작'이란 말을 넘어서서, 정치인들과 미국 시민 그리고 외국에서도 이번 부통령 임명을 통해 여성 대통령을 맞을 날이 머지않았음을 직감하게 되었다. 그런 일이 일어날 뻔했으며, 그런 날이 곧 올 것이다. 프랑스에도 언젠가 같은 일이 일어나기를 기대한다.

지금으로서는 카멀라 해리스가 미국 부통령에 오른 최초의 여성이다. 이전에도 대통령 - 부통령 '짝'으로 지명된 여성들은 존재한다. 민주당의 제럴딘 페라로는 1984년 로널드 레이건과 맞붙은 월터 먼데일의 러닝메이트였다. 2008년 버락 오바마에게 패한 공화당 존 매케인의 러닝메이트 세라 페일린도 있다. 하지만 흑인 여성이 후보로 뽑혀 선출된

것은 카멀라가 최초다. 그녀가 러닝메이트로 선택되어 승리하게 된 것이다. 2020년 봄부터 민주당 대선 후보는 여성 러닝메이트와 짝을 이룰 것으로 알려졌다. 앞서 힐러리 클린턴의 실패가 민주당에 큰 상처를 남겼기 때문이다. 2020년 5월 말 미니애폴리스 경찰에 체포되는 과정에서 질식사한 아프리카계 미국인 조지 플로이드의 죽음은 이런 선택을 확정적인 것으로 만들었다. 부통령 후보는 여성, 그것도 유색인종이 될 것이었다. 열두 명의 후보를 놓고 위원회가 심사에 들어갔다. 그리고 카멀라가 위원회의 선택을 받는다. 두 번째 승리는 그해 11월 7일에 확정된다. 조 바이든의 당선으로 그녀가 미국 역사상 최초의 여성 부통령이 된 것이다. 미국식 성공 스토리다.

56세의 카멀라는 한 계단씩 올라 거의 정상에 도달했다. 어머니 샤말라 고팔란과 아버지 도널드 해리스—어머니는 인도인, 아버지는 자메이카인이다—는 버클리 대학 캠퍼스에서 만났다. "어머니는 열아홉 살에 암 치료라는 꿈을 실현하고자 미국으로 건너오셨어요. (…) 두 분은 1960년대의 정의와 시민권 운동에 참여해 함께 걷다가 아주 미국식으로 사랑에 빠지셨죠." 그녀는 설명한다. 카멀라의 사회 참여는 예견된 것이었다. 그녀가 다섯 살 되던 해, 부모님은 헤어진다. 어머니 샤말라는 두 딸을 자신감 있고 용감한 흑인 여성으로 키워 내야 할 것임을 알았다.

1970년대에 고등학생 카멀라는 '버싱busing' 혜택을 받는다. 버싱은 학생 대다수가 백인인 학교를 다인종 학교로 만들기 위해 유색인 학생과 백인 학생이 인종 통합 버스를 함께 타고 학교에 가게 한 시스템이다. 몬트리올에서 5년을 보낸 그녀는 1867년 워싱턴 D.C.에 설립된 미국에서 가장 큰 흑인 대학인 하워드 대에 입학한다. 이후 캘리포니아의 UC 헤이스팅스 로스쿨을 졸업한 후 1990년에 변호사 시험에 합격한다. 샌프란시스코에서, 후에 캘리포니아 주 검사로서 눈부신 경력을 쌓은 그녀는 무시무시하고 자비가 없다는 말을 듣는다. 2016년 상원의원 선거 후보로서 카멀라는 조 바이든을 이긴다. 현재 미국 행정부 2인자라는 그녀의 위치는 의심할 여지없이 여성 대통령이 되기 위한 발판이다. 그녀는 여성들을 향해 강력한 메시지를 전한다. "제가 이 자리에 오른 최초의 여성일지 모르나, 최후의 여성은 아닐 겁니다."

옮긴이의 말

얼마 전 있었던 대통령 선거 운동 기간 중의 일이다. '페미니즘을 무엇이라고 정의하는가?'라는 질문을 받은 한 후보자의 답변이 큰 이슈가 되었다. 어떤 대답이었든 논란은 피할 수 없었으리라. 한국 사회에서 페미니즘은 여전히 논쟁거리이기 때문이다. 이는 자유, 평등, 우애友愛라는 모토를 가진 나라 프랑스에서조차 별반 다르지 않은 것 같다. 기실 여성 참정권이 처음으로 공식화된 것은 1893년, 뉴질랜드에서였다. 미국과 영국에서는 각각 1920년, 1928년이 되어서야 비로소 여성들도 한 표를 행사할 수 있었다.

여성 인권 운동에 최초로 불을 지핀 여성은 프랑스 대혁명기의 올랭프 드 구주다. 1789년 대혁명 당시 탄생한 「인간과 시민의 권리 선언문」은 다음과 같이 적고 있다.

'인간은 태어나면서부터 자유와 평등의 권리를 가진다.'

작가 올랭프는 이 권리 선언문이 여성을 배제한 남성만을 위한 것이라고 비판하며 이 선언문의 형식을 좇아 1791년 「여성과 여성 시민의 권리 선언문」을 작성하고, 제1조에 다음과 같이 기술한다.

'여성은 자유로운 존재로 태어났으며 남성과 동등한 권리를 가진다.'

최초의, 오늘날까지도 유일한 '여성 권리 선언'이다. 올랭프는 혁명 정부에 반대했다는 이유로 결국 단두대에서 목숨을 잃게 되는데, 이면에는 정치적 발언을 하는 여성을 달가워하지 않는 시대적인 분위기가 있었다. 프랑스는 1944년에 이르러서야 여성 참정권을 인정한다.

'페미니즘', '페미니스트'라는 단어는 프랑스에서 처음 사용되었다. 초기에는 여성적 특징을 보이는 남성 환자를 가리키는 의학적 용어였다고 한다. 1872년 알렉상드르 뒤마 피스가 쓴 에세이 「남자여자 L'Homme-femme」를 보면, 작가는 페미니스트를 '여성은 남성과 동등하고, 남성과 똑같은 교육을 받아야 하며, 같은 권리를 가져야 한다고 생각하는 사람들'이라는 의미로 사용하고 있다. 그리고 10년이 흐른 1882년, 저널리스트이자 여성 참정권 운동가 위베르틴 오클레르가 해당 용어 사용을 강력히 주장하면서 널리 퍼지게 되었다. 선구적인 여성 인권 운동의 역사에도 불구하고, 프랑스가 다른 서구 국가들보다 한참 늦은 2차 세계대전 이후에야 여성에게 선거권을 허용했다는 사실은 참으로 믿기 어렵다.

이 책을 쓴 멜리나 가즈시는 일간지 『르몽드』에서 주로 여성과 인권에 관련된 글을 쓰는 기자다. 저자는 여전히 여성에 대한 불평등은 존재함을 지적하면서도, 현재 민주주의 국가에서 여성이 누리는 인권과 지위는 오랜 시간 끝없이 투쟁해 온 여성들이 쟁취한 값진 열매라고 강조한다. 이 책에서 저자는 여성이 결코 남성보다 열등하지 않았음을 역사적 기록으로써 증명해 보인다. 남성 우위 사회에서 목소리를 내지 못했던 이름 없는 여성들에게 경의를 표하고, 그런 악조건 속에서도 별과 같이 빛났던 여성들을 불러내며 페미니즘 운동은 계속되어야 한다고 말한다.

저자가 들어가는 말에서 밝힌 책의 주제는 짐짓 무거워 보이나 쉽게 읽히도록 쓰인 글이다. 특별했던 여성 한 명 한 명 그들의 삶을 간추려 설명하면서, 그들이 이룬 것, 그들이 이룬 것의 의미를 곱씹어 보도록 구성돼 있다. 독자는 지금까지 몰랐던, 알았어도 제대로 생각해 본 적 없던 역사적 사실 속에서 새롭고 흥미로운 인물들과 만나게 된다.

더불어 인물마다 사랑스러운 삽화가 더해져 있어 읽는 재미가 쏠쏠하다. 삽화를 그린 마르고 레노도는 현재 파리에서 활발히 활동 중인 젊은 일러스트레이터다. 그녀의 톡톡 튀는 일러스트와 유머와 위트, 긍정 에너지가 넘치는 독백의 대사는 이들 여성의 특별했던 삶을 잠시나마 상상해 보게 한다. 종종 해당 대사의 함축적인 의미를 한국어로 풀어내는 일이 쉽지 않기도 했는데, 인스타그램으로 작가와 직접 소통하며 번역을 진행한 부분도 있다.

책에서 소개한 여성들에 대해 보다 더 알고자 하는 독자를 위해 인물의 원어 이름을 병기했으며, 프랑스 이름과 지명은 프랑스어 발음에 준해, 널리 알려진 이름은 관행을 따랐으며, 그 밖의 이름은 영어식으로 표기하는 것을 원칙으로 하였다.

끝으로 이 책을 손에 든 독자가 남녀노소 누가 되었든, 인류의 절반인 여성에 대한 이해를 쉽고 재미있게 넓혀 갈 수 있는 유익한 독서 경험을 하게 되기를 소망한다.

2022년 9월, 송천석

ELLES ONT ÉTÉ
LES PREMIÈRES

그녀가 최초였다

세상을 바꾼 우먼파워 100

초판 1쇄 발행 2022년 9월 16일

지은이 멜리나 가즈시 · 수잔 케스탄베르그/마르고 레노도
옮긴이 송천석 · 유상희
펴낸이 송천석
편집 최예진
디자인 공간42 이용석
펴낸곳 에디미디 | **출판등록** 제385-2021-000039호
SNS ⓘ editionmidi | **이메일** edimidi@naver.com
주소 경기도 안양시 동안구 귀인로172번길 26, B1. 6호
전화 031-457-2365 | **팩스** 0504-468-0435

ISBN 979-11-976414-9-7 (03300)